Florian Buschendorff

Freies Sprechen und Präsentieren

...so geht's

Übungen und Tipps für Referate, Vorträge und mündliche Prüfungen

Verlag an der Ruhr

Impressum

Titel:	**Freies Sprechen und Präsentieren – so geht's** *Übungen und Tipps für Referate, Vorträge und mündliche Prüfungen*
Autor:	Florian Buschendorff
Illustrationen:	Norbert Höveler
Druck:	Druckerei Uwe Nolte, Iserlohn
Verlag:	Verlag an der Ruhr Alexanderstraße 54 – 45472 Mülheim an der Ruhr Postfach 10 22 51 – 45422 Mülheim an der Ruhr Tel.: 02 08 / 439 54 50 – Fax: 02 08 / 439 54 239 E-Mail: info@verlagruhr.de www.verlagruhr.de

© Verlag an der Ruhr 2009
ISBN 978-3-8346-0500-9

geeignet für die Klasse  7 8 9 10

Die Schreibweise der Texte folgt der neuesten Fassung
der Rechtschreibregeln – gültig seit August 2006.

Wir sind seit 2008 ein ÖKOPROFIT®-Betrieb und setzen uns damit aktiv
für den Umweltschutz ein. Das ÖKOPROFIT®-Projekt unterstützt Betriebe
dabei, die Umwelt durch nachhaltiges Wirtschaften zu entlasten.

Inhaltsverzeichnis

Einen ansprechenden Vortrag oder eine überzeugende Präsentation zu halten, ist eine komplexe Fähigkeit, zu der mehrere ganz verschiedene Kompetenzen gehören. Dieser Papphefter bietet 68 Arbeitsblätter, mit denen jene Teilkompetenzen trainiert werden können, die für einen ansprechenden Vortrag wichtig sind:

✓ Freies Sprechen und Körperbeherrschung
✓ Inhalte auswählen und strukturieren
✓ Inhalte aussagekräftig visualisieren
✓ Eigenständiges Vorbereiten eines Referates

Zum Aufbau

Die vier Kapitel widmen sich jeweils schwerpunktmäßig einem der oben genannten Kompetenzbereiche. Die Arbeitsblätter innerhalb eines Kapitels bauen zum Teil aufeinander auf und können daher in der Folge verwendet werden. Im Ganzen wird jedoch kein geschlossener Lehrgang abgebildet. Je nach Stärken und Schwächen kann also eine Auswahl aus den verschiedenen Kompetenzbereichen getroffen werden, um die Fähigkeiten beim freien Sprechen und Präsentieren zu verbessern.

1. Freies Sprechen in Kurzvorträgen

Aktuelle, brisante, aber auch witzige Redethemen liefern zahlreiche Redeanlässe, die ein freies Sprechen ohne längere inhaltliche Vorbereitung ermöglichen. Im Mittelpunkt der Übungen zum freien Sprechen steht vor allem die Körperbeherrschung: Körperhaltung, Gestik, Blick, Sprechweise. Dabei sollte, wenn immer es geht, vor Publikum gesprochen werden. Dem Zuhörer werden hierfür kriterienorientierte Beobachtungsaufgaben an die Hand gegeben, um eine fundierte Rückmeldung geben zu können. Die kriterienorientierte Rednerbeobachtung ist aber auch eine gute Übung für die Zuhörer, um sich bewusst wichtige Aspekte des freien Sprechens vor Augen zu führen. Bei den Übungen sollten möglichst häufig die Methoden Rednerkarussell (S. 71) und Gruppenvortrag (S. 73) angewendet werden, um den aktiven Übungsanteil zu erhöhen.

2. Inhalte strukturieren – Kurzvorträge planen

Mithilfe dieser Arbeitsblätter lernen die Schüler Methoden zum Gliedern von Inhalten kennen und wenden sie praktisch an. Sie üben anhand konkreter, überschaubarer Themen aus verschiedenen Bereichen das Brainstorming-Verfahren, das Entnehmen von Informationen aus Texten, das Gliedern mit der Zettelmethode und das Entwickeln von Leitfragen zur Gliederung von Kurzvorträgen. Hierzu gehört auch das Ausformulieren von ansprechenden Einleitungen und einem gelungenen Schluss.

3. Inhalte visualisieren – Anschauungsmittel präsentieren

Aus der Fülle möglicher Anschauungsmittel lernen die Schüler, die jeweiligen Vor- und Nachteile abzuwägen und sinnvoll auszuwählen: Plakat oder PowerPoint? Pfeildiagramm oder Landkarte? Welche Anschauungsmittel jeweils zweckmäßig sind, werden anhand vielfältiger Themen und Aufgabenstellungen geübt. Die Schüler lernen hierbei die Grundsätze der Plakat- und Foliengestaltung in Verbindung mit Gestaltungsaufträgen kennen und wenden sie an. Außerdem enthält dieser Abschnitt Tipps für die Auswahl geeigneter Diagrammformen sowie eine Schritt-für-Schritt-Anleitung für die Erstellung einer Computerpräsentation.

4. Referate und Präsentationen vorbereiten

In diesem Bereich werden die Fähigkeiten „freies Sprechen", „Inhalte strukturieren" und „Inhalte visualisieren" zusammengeführt. Die Aufgabenstellungen und Materialien sind komplexer gestaltet. Im Mittelpunkt steht das strukturierte Vorgehen beim Vorbereiten eines umfangreicheren Referats. Hier kommen weitere Fähigkeiten hinzu, wie das Eingrenzen eines Themas, das Beschaffen von Informationen, das Planen von einzelnen Arbeitsschritten und das Vorgehen bei Gruppenpräsentationen. Checklisten und methodische Tipps stehen als sinnvolle Hilfsmittel zum eigenständigen Arbeiten bereit.

Zur Rolle der Zuhörer

Das Halten von Referaten hat im Unterricht leider oft den Charakter einer Einzelprüfung, bei der sich die Zuhörer überflüssig fühlen. Der Referent schaut – falls nicht in seine Materialien vertieft – zum Lehrer und hofft allein darauf, diejenigen Informationen zu bringen, von denen er annimmt, dass der Lehrer sie hören möchte. Die hier angebotenen Arbeitsmaterialien räumen mit diesem falschen Verständnis vom Zweck eines Vortrags auf. Dies kann aber nur geschehen, wenn die Zuhörer in den Mittelpunkt des Vortrags gerückt werden. Fühlen diese sich angesprochen? Werden sie durch den Vortrag angeregt? Fühlen sie sich informiert?
Dies erreicht man aber nur, wenn immer wieder deutlich gemacht wird, dass es bei Vorträgen grundsätzlich um die Zuhörer geht. Es gilt der einfache Grundsatz: Eine Rede ist nur dann gut, wenn die Zuhörer sie als ansprechend, interessant oder als informativ empfinden. An diesen Kriterien sollte jeder Vortrag gemessen werden. Hierdurch nehmen auch die Zuhörer eine aktive Rolle ein: Sie müssen das Gehörte und Gesehene nach verschiedenen Kriterien differenziert beurteilen. Dabei bekommen gerade auch Negativbeispiele eine wichtige Funktion, wenn es darum geht, zu erkennen, wie man es richtig bzw. besser macht.

Methoden zum effektiven Üben

Auch wenn die Zuhörer durch die zielgerichtete Rednerbeobachtung vieles erkennen, was einen Vortrag mitreißend oder auch langweilig macht, so kann das freie Sprechen selbst nur durch möglichst häufiges Reden geübt werden. Aus diesem Grund sollte der Einzelvortrag vor einem Publikum, wie zum Beispiel der Klasse, zeitlich nur einen geringen Anteil einnehmen, um den Redeanteil eines jeden und damit den Übungs- und Lerneffekt zu maximieren. Im Anhang finden sich einige dieser Methoden, wie zum Beispiel das Rednerkarussell oder der

Gruppenvortrag. Besonders beim Vortrag vor der Klasse und vor einer Kleingruppe ist ein freundliches und angstfreies Lernklima wichtig. Dies kann gefördert werden, indem bei der Besprechung eines Vortrags nach dem Plus-Minus-Verfahren vorgegangen wird. Damit die Redner die geäußerte Kritik auch annehmen können, sollten stets zuerst positive Aspekte des Vortrags genannt und anschließend konkrete Verbesserungshinweise gegeben werden. Wichtig dabei ist, dass die Kritik nicht nur beim bloßen Benennen von Schwächen stehen bleibt. So lernen auch die Zuhörer, konkrete Handlungen zu benennen oder zu beschreiben, die zur Verbesserung eines Vortrags führen.

Die folgenden Elemente führen durch die Arbeitsblätter:

Hier handelt es sich um eine Aufgabe.

Der Infokasten liefert Informationen zum Thema.

Hier gibt es hilfreiche Tipps zur Bearbeitung der Aufgaben.

Aufwärmreden (1/2)

Fahrstuhlrede – Lebensgeschichten in 2 Minuten

> Du fährst mit vier weiteren Personen, die du nicht kennst, im Lift eines 35-stöckigen Geschäftshauses nach oben. Jeder von euch möchte in ein anderes Stockwerk zu einem dringenden Termin. Auf einmal bleibt der Fahrstuhl stehen. Es kommt eine Durchsage, dass der Schaden in 10 Minuten behoben sein wird. Um die Zeit zu verkürzen, beschließt ihr, euch gegenseitig reihum eure Lebensgeschichte zu erzählen.

Vorgehen

1. Bildet Fünfergruppen und verteilt euch im Raum. Stellt euch wie im Fahrstuhl auf. Ihr könnt eure eigene Geschichte oder auch eine spontan erfundene Lebensgeschichte einer fiktiven Person erzählen.

2. Jeder sollte ungefähr 2 Minuten reden.

3. Wenn alle ihre Geschichten erzählt haben, wählt ihr die interessanteste Lebensgeschichte eurer Gruppe aus.

4. Die besten Lebensgeschichten aus jeder Gruppe werden vor der ganzen Klasse noch einmal erzählt.

© Verlag an der Ruhr | Postfach 10 22 51 | 45422 Mülheim an der Ruhr | www.verlagruhr.de | ISBN 978-3-8346-0500-9

Aufwärmreden (2/2)

Partnervorstellung

 Stellt euch nach einem kurzen Interview partnerweise in einer Vorstellungsrunde gegenseitig vor.

Vorgehen

1. Sucht euch einen Partner, oder bildet die Paare per Losverfahren.

2. Überlegt euch 5–10 interessante Fragen für ein Interview.
   Zum Beispiel:
   Was hast du an deinem ersten Schultag gedacht?
   Welche Fächer magst du am liebsten und warum?
   Wie findest du den Ort, wo du lebst?

3. Interviewt euch gegenseitig, und notiert die Antworten in Stichpunkten auf einem Zettel.

4. Während der Vorstellungsrede stehen beide Partner nebeneinander.

Außerirdischen eine Erfindung erklären

Du bist von den Bewohnern eines anderen Planeten zu einer Vortragsreihe eingeladen. Du sollst eine technische Erfindung der Erdenmenschen vorstellen. Leider hast du aber die Erfindung auf der Erde vergessen und musst bei deinem Vortrag ohne Anschauungsmittel auskommen. Du kannst zum Veranschaulichen also nur deine Hände benutzen.

Wichtig für die Außerirdischen ist natürlich:

◗ *Welchen Zweck hat die Erfindung?*
◗ *Wie sieht sie aus?*
◗ *Wie ist sie gebaut?*
◗ *Wie benutzt man sie?*

Vorgehen

1. **Überlege zunächst, welche Erfindung du den Außerirdischen in einem 3-minütigen Kurzvortrag vorstellen willst.**
   Zum Beispiel: *Taschenlampe, Handy, Kugelschreiber.*
   ◗ Zur Vorbereitung hast du 5 Minuten Zeit, um dir Stichpunkte zu machen. Der Vortrag soll jedoch ohne Stichpunktzettel gehalten werden, damit du beide Hände frei hast.
   ◗ Lege dir passende Gesten mit den Händen zurecht, um das Gesagte zu veranschaulichen.

2. **Übt eure Vorträge im Rednerkarussell (S. 71) oder in einer Gruppe.**
   Als Zuhörer achtet ihr besonders auf Körperhaltung, Sprechweise, Blick und Gestik des Redners. Sagt dem Redner anschließend, was gut war und wie er seinen Vortrag noch verbessern könnte.

3. **Zwei freiwillige Redner halten ihren Vortrag vor der ganzen Klasse.**
   Besprecht gemeinsam, was gelungen war und was noch verbessert werden könnte.

Worauf du bei deinem Vortrag achten solltest …

Körperhaltung: Stelle dich entspannt, aber selbstbewusst vor dein Publikum.
Sprechweise: Sprich laut und deutlich.
Blick: Sieh deine Zuhörer beim Sprechen immer an, am besten reihum.
Gestik: Benutze die Hände nur zum Zeigen.

© Verlag an der Ruhr | Postfach 10 22 51 | 45422 Mülheim an der Ruhr | www.verlagruhr.de | ISBN 978-3-8346-0500-9

Unterhaltsam reden – „Ich war dabei!" (1/2)

Manchen Menschen scheint es angeboren zu sein, über Ereignisse so erzählen zu können, dass andere ganz gebannt zuhören. Wie erzählt man lebendig?
Wie erzählt man spannend?

 Versuche, vor einer Gruppe oder deiner Klasse so unterhaltsam wie möglich über ein Ereignis zu berichten.

Vorgehen

1. **Wähle eine der beiden Zeitungsmeldungen aus, und rede über das Ereignis so, als wärst du einer der Beteiligten. Du kannst deinen Bericht ausschmücken, wie du möchtest. Du hast 5 Minuten Vorbereitungszeit!**

Rettung in letzter Sekunde!

Palma di Mallorca: In einer beispiellosen Rettungsaktion gelang es am Samstag zwei deutschen Jugendlichen, eine Urlauberin vorm Ertrinken zu retten. Die Frau war mit ihrem Surfbrett weit aufs Meer hinausgetrieben, da der Wind vom Land kam. Die beiden Jugendlichen sahen die Surf-Anfängerin hilflos im Wasser treiben. Kurzerhand stiegen sie in ein Motorboot und retteten die Frau. Mario, einer der Retter: „Der spanische Fischer dachte zuerst, wir wollen ihm sein Boot klauen und stand schreiend am Strand. Er verstand gar nicht, dass wir der Frau das Leben gerettet haben." Die Frau, eine Juwelierin aus Hamburg, versprach den beiden eine anständige Belohnung.

Unterhaltsam reden – „Ich war dabei!" (2/2)

Angriff auf türkischen Imbissbetreiber

Hamburg: Während des EM-Spiels Deutschland-Türkei kam es am Sonntagabend zu einer Auseinandersetzung zwischen einem türkischen Imbissbetreiber und deutschen Fans. Der Wirt hatte bei einem Torschuss der türkischen Mannschaft gejubelt. Daraufhin begannen zwei Kunden, die Stühle im Gastraum umzuwerfen und den türkischen Wirt zu beschimpfen. Durch das Eingreifen einer Gruppe von drei Jugendlichen konnte eine schlimmere Auseinandersetzung verhindert werden. Maria (15): „Die waren schon ziemlich angetrunken. Wir haben einfach angefangen, mit denen zu reden, und dann wurden sie wieder ruhig." Für die Hilfe in der Not bedankte sich der Imbissbetreiber bei den Jugendlichen mit einem großzügigen Speise- und Getränkegutschein.

2. Übt eure Rede in Gruppen

❱ Bildet Gruppen, und verteilt euch im Raum.

❱ Als Zuhörer bewertet ihr die Reden mithilfe der Tabelle.

❱ Gebt euch anschließend gegenseitig Verbesserungstipps.

Bewertet die einzelnen Vorträge mit – / o / +	Redner:	Redner:	Redner:	Redner:	Redner:	Redner:
Spannung ➡ Man ist immer gespannt, wie es weitergeht						
Anschaulichkeit ➡ Lebendige Beschreibung von Einzelheiten						
mitreißende Sprechweise						
ausdrucksvolle Gesten						

3. Mindestens zwei Freiwillige halten ihren Vortrag vor der Klasse.

Besprecht anhand dieser Beispiele, was eine Rede spannend und lebendig macht.

© Verlag an der Ruhr | Postfach 10 22 51 | 45422 Mülheim an der Ruhr | www.verlagruhr.de | ISBN 978-3-8846-0500-9

Rede über einen Film

 Freunde von dir möchten wissen, ob es sich lohnt, einen Film im Kino oder auf DVD anzuschauen, und fragen nach deiner Empfehlung.

Vorgehen

1. **Überlege dir zunächst, welchen Film du besonders magst, und stelle ihn in einem kurzen Vortrag von 2–3 Minuten vor.**
   - ▶ Versuche, deine Zuhörer mit deiner Begeisterung für den Film anzustecken!
   - ▶ Du kannst dir einen Stichpunktzettel in Postkartengröße machen. Wenn du kannst, halte deinen Vortrag frei.

Deine Rede sollte folgenden Aufbau haben:

Teile der Rede	Inhalte
1. Allgemeines	Titel, Filmgenre (z.B. *Thriller, Fantasy, Komödie,* Regisseur, Ursprungsland, Erscheinungsjahr, Schauspieler
2. Worum geht es?	➡ Nenne zuerst das Thema des Films. ➡ Beschreibe zusammengefasst die wichtigsten Handlungselemente. Achtung: In der Kürze liegt die Würze! ➡ Gehe unbedingt auf den Schluss ein.
3. Warum sollten sich die Zuhörer den Film unbedingt anschauen?	➡ Erkläre, warum dir der Film so gut gefällt. ➡ Gib Hinweise, für wen dieser Film ein Muss ist.

2. **Übt eure Vorträge zuerst im Rednerkarussell (S. 71). Die Zuhörer haben die Aufgabe, dem Redner Tipps zur Verbesserung zu geben. Dabei achten sie auf Folgendes:**
   - ▶ Ist klar geworden, worum es in dem Film geht?
     - ➡ *Was könnte weggelassen werden?*
     - ➡ *Was müsste ergänzt werden?*
   - ▶ Hat der Redner Begeisterung ausgestrahlt?
     - ➡ *Wodurch kam das zu Stande?*
     - ➡ *Hat der Redner deutlich gemacht, warum der Film sehenswert ist?*

3. **Mindestens zwei freiwillige Redner halten ihren Vortrag vor der ganzen Klasse.**
   Besprecht gemeinsam, was gelungen war und was noch verbessert werden könnte.

© Verlag an der Ruhr | Postfach 10 22 51 | 45422 Mülheim an der Ruhr | www.verlagruhr.de | ISBN 978-3-8346-0500-9

so geht's

Kurzvortrag über ein eigenes Thema (1/2)

Halte einen Kurzvortrag von maximal 3–5 Minuten zu einem Thema deiner Wahl. Es sollte ein Thema sein, bei dem du dich gut auskennst.

Beispiele für Redethemen:
- *Judo – was man darüber wissen sollte*
- *Die Abseitsregel beim Fußball*
- *Mallorca – genial zum Urlaubmachen!*
- *Gibt es Außerirdische auf der Erde?*
- *Hundehaltung – ganz einfach!*

Vorgehen

1. **Überlege dir zunächst, wie du deinen Vortrag aufbauen möchtest. Gehe bei der Vorbereitung in folgenden Schritten vor.**

Schritt 1: Formuliere das Thema des Vortrags.

Schritt 2: Versetze dich in deine Zuhörer hinein, die über das Thema wahrscheinlich nicht so gut informiert sind. Was sollen sie erfahren? Notiere in Stichpunkten wichtige Informationen.

Schritt 3: Wie könntest du deinen Vortrag beginnen, um Interesse zu wecken? (ein Erlebnis, etwas Witziges, eine interessante Frage, spektakuläre Fakten) Nenne in jedem Fall das Thema deines Vortrags.

© Verlag an der Ruhr | Postfach 10 22 51 | 45422 Mülheim an der Ruhr | www.verlagruhr.de | ISBN 978-3-8346-0500-9

Kurzvortrag über ein eigenes Thema (2/2)

Schritt 4: Was sagst du am Schluss, um den Vortrag wirkungsvoll zu beenden?

Schritt 5: Bringe deine Informationen in eine sinnvolle Reihenfolge. Bereite einen Stichpunktzettel in Postkartengröße (ein A4-Blatt zweimal falten).

Achtung:
Notiere dir nur Stichpunkte, niemals ganze Sätze!

2. **Übt eure Vorträge im Rednerkarussell (S. 71) oder in einer Gruppe.**
   Die Zuhörer haben die Aufgabe, dem Redner Tipps zur Verbesserung zu geben.
   ❱ Hat der Redner über die Einleitung Neugier und Interesse geweckt?
   ❱ Ist klar geworden, worum es in dem Vortrag geht?
   ➡ *Was könnte weggelassen werden?*
   ➡ *Was müsste ergänzt werden?*
   ❱ Achtet auch besonders auf Körperhaltung, Sprechweise, Blick und Gestik des Redners.

3. **Mindestens zwei freiwillige Redner halten ihren Vortrag vor der ganzen Klasse.**
   Besprecht gemeinsam, was gelungen war und was noch verbessert werden könnte.

© Verlag an der Ruhr | Postfach 10 22 51 | 45422 Mülheim an der Ruhr | www.verlagruhr.de | ISBN 978-3-8346-0500-9

Verlegenheitsbewegungen bewusst machen

Wir reden nicht nur mit dem Mund. Auch unser Körper spricht mit dem Publikum und das meist, ohne dass wir es wollen. Er sagt Dinge wie:

- *„Mann, bin ich nervös!"*
- *„Eigentlich bin ich gar nicht vorbereitet."*
- *„Ich bin einfach der Tollste!"*
- *„Mir ist das hier alles völlig egal."*

Mache dir deine Verlegenheitsbewegungen bewusst!

- Halte einen deiner Vorträge (S. 6 – 13) noch einmal vor einem Partner.
- Der Partner beobachtet genau deine Körperhaltung, Gestik und Mimik.
- Geht anschließend gemeinsam die Tabelle durch, und schreibt auf, was du bei Lampenfieber besonders gern machst.

Sichtbare Zeichen der Verlegenheit		Wie ist das bei mir?
Der Körper …	tritt von einem Bein aufs andere.	
	wankt hin und her.	
	dreht sich grundlos vom Publikum weg.	
Die Hände …	spielen unkontrolliert mit dem Stichpunktzettel.	
	gehen mal in die Tasche und dann wieder raus.	
	kratzen plötzlich im Nacken, obwohl es gar nicht juckt.	
Der Blick …	hängt an einer bestimmten Person fest (oft am Lehrer).	
	klebt am Stichpunktzettel.	
	geht zum Fenster raus oder anderswohin.	
Weitere …		

© Verlag an der Ruhr | Postfach 10 22 51 | 45422 Mülheim an der Ruhr | www.verlagruhr.de | ISBN 978-3-8346-0500-9

Rede-Choreografie

Immer wenn du einen Vortrag oder eine Präsentation hältst, überfällt dich diese unangenehme Nervosität? Du spielst mit deinem Stichpunktzettel in der Hand oder trittst von einem Bein aufs andere? Tipps wie „Tief durchatmen!" helfen dabei erfahrungsgemäß wenig. Warum? Weil du diesen Ratschlag bei Lampenfieber sofort wieder vergisst.

Ein besserer Tipp: Positiv denken! Denke also nicht daran, was du unterlassen sollst, sondern stattdessen, welche Bewegungen du machen willst. Damit du diese nicht vergisst, solltest du sie planen und einüben – wie ein Tänzer eine Choreografie.

 Entwirf für einen deiner Vorträge (S. 6 – 13) eine Rede-Choreografie, um deine Verlegenheitsbewegungen in den Griff zu bekommen.

Vorgehen

1. **Überlege dir genau, wie du dich hinstellst, was genau deine Hände machen und wohin du blicken willst. Mache dir zu deiner Rede-Choreografie Notizen auf deinem Stichpunktzettel.**
   - ❯ *Einleitung:* Gerade hinstellen, ein Arm hängt, der andere hält den Zettel vor dem Bauch.
   - ❯ Bei der *Nennung des Themas* alle Zuhörer einzeln kurz anschauen, von links nach rechts.
   - ❯ Bei *„Die Erde ist rund!"* mit den Händen eine Kugel andeuten.
   - ❯ Beim *Beginn des Hauptteils* einmal kurz auf den Zettel schauen und in Ruhe drei Sekunden lesen.
   - ❯ Bei *„Globus"* mit der rechten Hand auf den Globus weisen.

2. **Übe deine Rede-Choreografie im Zusammenhang mit deinem Vortrag, damit dein Körper lernt, wie er sich beim Reden zu verhalten hat.**
   - ❯ Du wirst sehen: Wenn du deine Rede-Choreografie erstmal beherrschst, wirst du die Bewegungen während deines Vortrags ganz automatisch ausführen, ohne groß darüber nachdenken zu müssen.

© Verlag an der Ruhr | Postfach 10 22 51 | 45422 Mülheim an der Ruhr | www.verlagruhr.de | ISBN 978-3-8346-0500-9

Die vier Instrumente des Redners (1/2)

Ob die Zuhörer einen Vortrag ansprechend und interessant finden, hängt nicht allein vom Inhalt ab. Auch ein inhaltlich gut geplanter Vortrag kann seine Wirkung verfehlen, wenn der Redner es nicht schafft, sein Wissen ansprechend zu präsentieren. Abgesehen von Anschauungsmitteln, hat der Redner hierzu **vier Instrumente** zur Verfügung: **Sprechweise, Mimik, Gestik** und **Körperhaltung**. Ein guter Redner muss alle vier Instrumente gleichzeitig spielen können.

   1. Notiere jeweils zwei Stichworte, wie der Redner mit den Instrumenten umgehen und was er vermeiden sollte.

Sprechweise

gut: _____

_____

vermeiden: _____

_____

Gestik (Arme und Hände)

gut: _____

_____

vermeiden: _____

_____

Mimik (Blick)

gut: _____

_____

vermeiden: _____

_____

Körperhaltung

gut: _____

_____

vermeiden: _____

_____

   2. Wie beurteilst du die Wichtigkeit der vier Instrumente für einen Vortrag, bei dem du zuhörst? Diskutiert im Plenum über das Verhältnis *Redeinstrumente – Inhalt*.

© Verlag an der Ruhr | Postfach 10 22 51 | 45422 Mülheim an der Ruhr | www.verlagruhr.de | ISBN 978-3-8346-0500-9

Die vier Instrumente des Redners (2/2)

Auf Grund deiner rednerischen Fähigkeiten wirst du als Experte zu einem Rhetorik-Workshop eingeladen. Bei diesem Trainingskurs geht es darum, den Teilnehmern durch viele Übungen Sicherheit im freien Sprechen zu vermitteln. Du sollst einen kurzen Einführungsvortrag zum Thema „*Die vier Instrumente des Redners*" halten.

Vorgehen

1. **Was sagst du in der Einleitung, um das Thema interessant anzukündigen?**

_____

_____

_____

_____

_____

_____

2. **Notiere dir für den Hauptteil Stichpunkte dazu, was du über die einzelnen Redeinstrumente sagen willst. Kennzeichne Stellen mit einem „D", wo du eine Demonstration beabsichtigst. Erkläre auch kurz, was du demonstrieren willst.**

	Stichpunkte	*Erklärung „Demonstration"*
Gestik	- Wohin mit den Händen? (→ D1) - Wie unterstütze ich das Gesagte mit den Händen? (→ D2)	- D1: Hände in den Hosentaschen, hinterm Rücken (falsch!) - D2: Bestärkungsgeste

3. **Was sagst du am Schluss, um die Zuhörer auf das Übungswochenende einzustimmen?**

4. **Fertige dir für deinen Vortrag einen Stichpunktzettel in Postkartengröße an.**

© Verlag an der Ruhr | Postfach 10 22 51 | 45422 Mülheim an der Ruhr | www.verlagruhr.de | ISBN 978-3-8346-0500-9

Beobachtungsbogen für Zuhörer

 Beobachtet die Redner genau, macht euch Notizen.

	Redner: _____	Redner: _____	Redner: _____
Sprechweise ➡ verständlich/zu leise ➡ flüssig/stockend ➡ abwechslungsreich/eintönig			
Körperhaltung ➡ entspannt/unruhig ➡ zugewandt/abgewandt ➡ sicher/starr			
Blick ➡ ins Publikum/woanders hin ➡ zu jedem mal/nur zu manchen ➡ klebt am Stichpunktzettel			
Gestik ➡ ruhig/Hände spielen herum ➡ unterstützt das Gesagte ➡ keine Gestik			
Inhalt ➡ informativ/uninteressant ➡ gut erklärt/durcheinander ➡ ansprechende Einleitung ➡ wirkungsvoller Schluss			

© Verlag an der Ruhr | Postfach 10 22 51 | 45422 Mülheim an der Ruhr | www.verlagruhr.de | ISBN 978-3-8346-0500-9

Stegreifreden halten – der Äh-Wettbewerb (1/2)

Man sagt „Äh", wenn man nicht mehr weiter weiß, um Zeit zu gewinnen. Und bevor man gar nichts sagt, schiebt man lieber ein „Äh" dazwischen. Allerdings wäre es besser, stattdessen eine kurze Pause zu machen, denn ein zu häufiges „Äh" lässt den Redner verwirrt erscheinen. Zwar weiß jeder, dass man „Äh" vermeiden sollte, aber es ist nicht so einfach, dieses Wissen umzusetzen – oder?

Macht einen Redewettbewerb mit dem Tabuwort „Äh".
Dieser … äh … Wettbewerb geht so:
Es treten nacheinander Redner aus … äh … zwei Mannschaften an und … äh … ach ja … „äh" ist das Tabuwort.

Vorgehen

1. Teilt die Klasse für diesen Mannschaftswettbewerb in zwei Gruppen ein.

2. Aus jeder Mannschaft redet abwechselnd ein Redner genau eine Minute spontan zu einem Stichwort. Die Stichwortkarten werden gezogen.

3. Nachdem der Redner eine Stichwortkarte gezogen hat, hat er zehn Sekunden Zeit zum Überlegen. Dann muss er mit seiner Rede beginnen.

4. Die Wettbewerbsleiter führen eine Strichliste. Für jedes „Äh" bekommt die Mannschaft einen Strich. Einen Strich gibt es auch für Sprechpausen über 5 Sekunden.

5. Nach genau einer Minute wird die Rede abgebrochen, und der nächste Redner aus der gegnerischen Mannschaft ist an der Reihe.

Der Anfang ist meist das Schwierigste. Du brauchst einen Anknüpfungspunkt. Beginne mit einem persönlichen Erlebnis zum Thema. Es darf erfunden sein. Zum Beispiel:

Ich habe einen Freund, der …

Letztes Jahr ist mir Folgendes passiert …

Ihr kennt das ja. Man steht gerade …

© Verlag an der Ruhr | Postfach 10 22 51 | 45422 Mülheim an der Ruhr | www.verlagruhr.de | ISBN 978-3-8346-0500-9

Stegreifreden halten – der Äh-Wettbewerb (2/2)

Beispiele für Stichworte:

Mobbing	Fußball	sinnvolle Freizeit-gestaltung	Handyverbot in der Schule
Rauchverbot	Doping	Chatten	Natur-katastrophen
Europa	Traumberuf	Schönheit	Soaps
Computerspiele	Freundschaft	Reisen	Idole
Werbung	Winter	Frühling	USA

Themen für Stegreifreden

Diese Redethemen eignen sich auch als Aufwärmübungen für geübte Redner:
Einfach die Karten ausschneiden, sich ein Thema aussuchen oder ziehen und
vor der ganzen Klasse oder in Kleingruppen zum Thema ein kurze Rede halten.
Als Vorbereitungszeit zum Notieren von Stichpunkten gibt es ein bis drei Minuten Zeit.

Du sollst auf dem Elternabend einen kurzen Vortrag über die Klassenfahrt halten, von der ihr gerade zurückgekommen seid. Die Eltern wollen etwas über die interessanten Ausflüge erfahren, aber auch von den „unschönen Ereignissen", die es leider mehrfach gegeben hat.

Du wachst eines Nachts auf und stellst fest, dass du von Weltraumtouristen einer anderen Galaxie auf ein Raumschiff gebeamt wurdest. Die Außerirdischen scheinen in friedlicher Absicht zu kommen. Sie wollen von dir nur, dass du ihnen ein paar Tipps gibst, was man sich auf der Erde unbedingt alles anschauen sollte. Gib ihnen einige Empfehlungen.

Deine Patentante Rebekka feiert ihren 40. Geburtstag Eigentlich sollte dein Onkel Sascha die Geburtstagsrede halten. Aber der steckt noch im Stau. Jetzt musst du einspringen. Begrüße die Gäste und plaudere über etwas aus dem Leben deiner Tante.

Der Verein „Tischmanieren e.V." hat dich als Experten eingeladen. Halte einen kurzen Vortrag über gute Tischmanieren.
Also: Was sollte man beim Essen tun und was besser unterlassen? Und: Was hältst du selbst von Tischmanieren?

Du bist Experte auf dem Gebiet „Vokabellernen". Stelle verschiedene Techniken vor, teile deine Erfahrungen mit, und gib auch Empfehlungen.

Du bist Kapitän auf einem Ölfrachter. Deine Mannschaft will dich gerade über Bord werfen, weil du ihnen eine Gehaltserhöhung ausgeschlagen hast. Halte eine Rede, die sie davon abhält.

Auf einem Spielekongress sollen die Teilnehmer ihre Lieblingsspiele vorstellen. Erkläre den anderen dein Lieblingsspiel: Worum geht es? Wie wird gespielt? Wer gewinnt? Warum ist es dein Lieblingsspiel?

Du hast an deiner Schule den Ruf als Spick-Experte Nummer 1. Die Schülerversammlung lädt dich zu einem Vortrag ein. Stelle hierbei die erfolgreichsten Schummeltechniken für Klassenarbeiten vor – und was man bei ihnen unbedingt beachten sollte.

Der Schulleiter hat dich als Schülersprecher gebeten, auf der nächsten Schülerversammlung an deine Mitschüler zu appellieren, dass sie das Schulgelände in den Pausen nicht verlassen sollen – wegen der Gefahren, der Aufsichtspflicht der Lehrer usw. Du selbst findest diese Regelung eigentlich nicht gut, kommst aber der Bitte des Direktors nach.

Du hast dich von deiner Englischlehrerin breitschlagen lassen, die soeben in der Schule eingetroffene Gruppe von 25 Gastschülern aus England zu begrüßen. Halte eine kleine Begrüßungsansprache. Du darfst auf Deutsch reden, verwende aber nicht so viele schwierige Wörter.

© Verlag an der Ruhr | Postfach 10 22 51 | 45422 Mülheim an der Ruhr | www.verlagruhr.de | ISBN 978-3-8346-0500-9

Leitfragen zu einem Thema finden

Wer keine Fragen hat, kann auch keine Antworten geben. Wenn man durch
einen Vortrag andere informieren möchte, sollte man sich mehrere
Leitfragen überlegen, die das Thema interessant machen. Sie können
auch im Vortrag genannt werden.

▶ Leitfragen machen Informationen greifbar.

▶ Leitfragen geben den Zuhörern das Gefühl, über wichtige Dinge
  informiert zu werden.

▶ Leitfragen „leiten" die Zuhörer und auch den Redner durch den Vortrag.

So könnten Leitfragen zum Thema „Eiszeit" formuliert werden:

▶ **Was** ist eigentlich eine Eiszeit?

▶ **Wie** sah die Erde während einer Eiszeit aus?

▶ **Welche** Eiszeiten gab es?

▶ **Wie** konnten Menschen in der Eiszeit überleben?

▶ **Wodurch** entsteht eine Eiszeit?

▶ **Wann** kommt die nächste Eiszeit?

1. Entwickle zu einem der drei Referatthemen jeweils 5 Leitfragen.
   Thema A: Umweltschutz – überlebenswichtig?
   Thema B: Aids – Ein Thema, das uns alle angeht!
   Thema C: Mobbing – Schluss damit!

2. Welche Frage eignet sich für eine interessante Einleitung?
   Welche für den Schluss? Bringe die Leitfragen für deinen Vortrag in eine sinnvolle Reihenfolge, und nummeriere sie durch.

Das Verwenden unterschiedlicher Fragewörter ist beim Finden
von Leitfragen eine große Hilfe.

© Verlag an der Ruhr | Postfach 10 22 51 | 45422 Mülheim an der Ruhr | www.verlagruhr.de | ISBN 978-3-8346-0500-9

Leitfragen formulieren

Du hast ein Brainstorming zum Thema „Klimawandel" gemacht und alles, was dir dazu
einfiel, auf Zettel geschrieben. Anschließend hast du die Zettel thematisch geordnet.

 **1.** Formuliere jeweils eine passende Leitfrage zu den thematisch geordneten
Stichpunkten.

☐

CO_2 Atmosphäre

Treibhauseffekt   Sonnenlicht

Erderwärmung

Leitfrage:
_____

☐

Waldbrände   Kohlekraftwerke

Energiegewinnung

Autoabgase   Industrieländer

Leitfrage:
_____

☐

Elektroautos   Atmosphäre

Energiesparlampen   Sonnenenergie

internationale Abkommen

Leitfrage:
_____

☐

Abtauen der Pole

keine Landwirtschaft mehr

Überschwemmungen   Hitzewellen

Vernichtung von Lebensraum

Leitfrage:
_____

 **2.** In welcher Reihenfolge würdest du die Teilthemen in deinem Vortrag behandeln?
Nummeriere die Teilthemen von 1–4 durch.

3. Lege für die einzelnen Stichpunkte innerhalb eines Teilthemas eine sinnvolle
Reihenfolge fest, und nummeriere die Zettel von 1–5 durch.

© Verlag an der Ruhr | Postfach 10 22 51 | 45422 Mülheim an der Ruhr | www.verlagruhr.de | ISBN 978-3-8346-0500-9

Ein Thema entfalten – Brainstorming

Ein Brainstorming (engl. *Gedankensturz*) hilft dir, auf Ideen zu kommen, worauf du in deinem Vortrag eingehen könntest. Beim Brainstorming schreibst du möglichst schnell alles auf, was dir zu dem Thema spontan einfällt – ohne lange nachzudenken. Aussortieren kannst du später.

 Setze das Brainstorming zum Thema „*Gesunde und ungesunde Lebensweise*" fort.

Vorgehen

1. **Schreibe in die leeren Felder alles, was dir zum Thema in den Sinn kommt. Nimm möglichst viele Ideen auf!**

Pommes	Fett	Sport	Vitamine
Stress	Computerspiele	ausgewogene Ernährung	

2. **Schneide die Zettel aus, und ordne sie auf dem Tisch nach Zusammengehörigkeit.**

3. **Formuliere Überschriften und Leitfragen für die Teilthemen deines Vortrags.**

4. **Bringe die Teilthemen und Informationen für deinen Vortrag in eine sinnvolle Reihenfolge.**

 Übe das Gliedern eines Vortrags nach diesen vier Schritten. Als Themen eigenen sich zum Beispiel „*Freizeitgestaltung*", „*Das Handy*", „*Autos*" oder „*Cliquen*".

© Verlag an der Ruhr | Postfach 10 22 51 | 45422 Mülheim an der Ruhr | www.verlagruhr.de | ISBN 978-3-8346-0500-9

In 33 Minuten zum Kurzvortrag

Bereite in 33 Minuten einen Kurzvortrag vor. Lege dir eine Uhr auf den Tisch, und versuche, die angegebenen Zeiten einzuhalten.

1. **Brainstorming**	➡ Was fällt dir alles zum Thema spontan ein? ➡ Zeit: 5 Minuten
2. **Informationen nach Teilthemen sortieren**	➡ Welche Begriffe gehören inhaltlich zusammen? ➡ Zeit: 3 Minuten
3. **Leitfragen formulieren**	➡ Welche Fragen lassen sich für die einzelnen Teilthemen formulieren? ➡ Zeit: 3 Minuten
4. **Teilthemen und Informationen ordnen**	➡ In welcher Reihenfolge können die Zuhörer die Informationen am besten aufnehmen und verstehen? ➡ Zeit: 3 Minuten
5. **Einleitung überlegen**	➡ Mit welchen Informationen kann Interesse bei den Zuhörern geweckt werden? ➡ Warum ist das Thema wichtig? ➡ Zeit: 3 Minuten
6. **Schluss überlegen**	➡ Wie beende ich meinen Vortrag? • eine persönliche Einschätzung? • eine Empfehlung? • eine Zusammenfassung? • einen Ausblick in die Zukunft? • ein Schlusswort? ➡ Zeit: 3 Minuten
7. **Stichpunktzettel anfertigen**	➡ Nur Stichpunkte notieren! ➡ Zeit: 5 Minuten
8. **Vortrag üben**	➡ Laut oder in Gedanken den Vortrag mit Hilfe des Stichpunktzettels in ganzen Sätzen durchgehen ➡ Zeit: 5 Minuten

© Verlag an der Ruhr | Postfach 10 22 51 | 45422 Mülheim an der Ruhr | www.verlagruhr.de | ISBN 978-3-8346-0500-9

Vom Text zum Vortrag

Analphabetismus

Weltweit können rund 800 Millionen Menschen über 15 Jahre weder lesen noch schreiben, das ist ein Anteil von rund 20 % der erwachsenen Weltbevölkerung. In einigen Ländern Afrikas und Asiens liegt die Analphabetenrate bei bis zu 80 %. Besonders in den Entwicklungsländern ist dabei der Anteil der nicht alphabetisierten Frauen bedeutend höher als der der Männer. Man unterscheidet im Allgemeinen drei Gruppen von Analphabetismus: den primären, den sekundären und den funktionellen. Zu den primären Analphabeten gehören Menschen, die keinerlei Lese- und Schreibfertigkeit haben, also noch nicht einmal mit ihrem Namen unterschreiben können. In Deutschland liegt der Anteil an Menschen über 15 Jahren, die weder lesen noch schreiben können, bei knapp 1 %. Das klingt zwar wenig, hinter dieser Zahl verbergen sich jedoch rund 500 000 Deutsche – eine Stadt von der Größe Hannovers. Zu den sekundären Analphabeten zählt man Menschen, die zwar während ihrer Schulzeit lesen und schreiben gelernt haben, diese Fähigkeit aber als Jugendliche oder Erwachsene wieder verlernt haben. Von funktionellem Analphabetismus spricht man, wenn Menschen zwar einzelne Wörter entziffern und schreiben können, deren Fähigkeit aber nicht dazu ausreicht, ihren Alltag sinnvoll zu bewältigen: Formulare ausfüllen, amtlicher oder beruflicher Schriftverkehr, Briefe schreiben und anderes. Der Anteil an Deutschen mit funktionellem Analphabetismus wird auf rund 6 % geschätzt. Das sind rund 4 Millionen Deutsche über 15 Jahren, die mit Schrift nicht ausreichend umgehen können – eine Stadt von der Größe Berlins.

Einen hohen Anteil bilden dabei ältere Menschen, die während oder nach dem 2. Weltkrieg nicht die Möglichkeit einer Schulausbildung hatten. Aber auch heute verlassen pro Jahr rund 80 000 Jugendliche die Schule ohne einen Schulabschluss. Unter ihnen ist der Anteil an funktionellen Analphabeten besonders hoch. Viele von ihnen haben somit kaum eine Chance auf dem Arbeitsmarkt. Analphabeten begeben sich meist von selbst in eine gesellschaftliche Außenseiterstellung. Die Angst vor Entdeckung ist groß. Meist entwickeln sie ein trickreiches System, um ihre Schwäche vor der Umwelt zu verbergen. So meiden sie Situationen, in denen sie vor anderen lesen oder schreiben müssen. Vielleicht ist auch so erklärbar, dass nur ein geringer Anteil der Analphabeten die Möglichkeit zur Teilnahme an Alphabetisierungskursen nutzt, welche in allen Bundesländern angeboten werden.

1. Lies den Text aufmerksam durch, und markiere wichtige Begriffe und Informationen. Schreibe sie in Stichpunkten auf kleine Zettel.

2. Ordne die Informationen nach Zusammengehörigkeit, und schreibe die Teilthemen oder Leitfragen ebenfalls auf je einen Zettel.

3. Lege die Zettel so auf dem Tisch aus, bis eine sinnvolle Reihenfolge für deinen Vortrag entsteht. Überlege dir, welche Informationen sich für Einleitung und Schluss eignen.

4. Übertrage die Informationen auf einen Stichpunktzettel.

5. Gehe deinen Vortrag vor der Präsentation in Gedanken in ganzen Sätzen durch.

© Verlag an der Ruhr | Postfach 10 22 51 | 45422 Mülheim an der Ruhr | www.verlagruhr.de | ISBN 978-3-8346-0500-9

Der Aufbau eines Vortrags

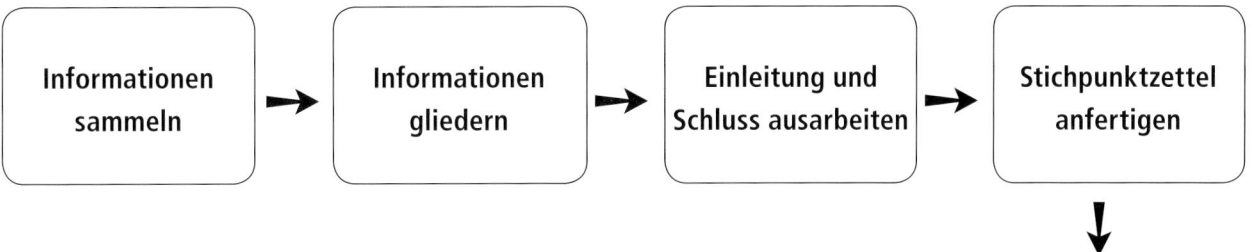

| Informationen sammeln | → | Informationen gliedern | → | Einleitung und Schluss ausarbeiten | → | Stichpunktzettel anfertigen |

↓

Aufbau eines Vortrags

Einleitung
➡ Nennung des Themas
➡ Hinführung (interessante Fakten oder Fragen, Bedeutung des Themas)
➡ Kurzer Überblick über die Teilthemen

Hauptteil

Teilthema 1:
➡ Information 1
➡ Information 2
➡ Information 3 …

Teilthema 2:
➡ Information 1
➡ Information 2
➡ Information 3 …

Teilthema 3:
➡ Information 1
➡ Information 2
➡ Information 3 …

Schluss
➡ Zusammenfassung
➡ persönliche Einschätzung, Empfehlung, Prognose
➡ Schlusssatz, Aufforderung zur Diskussion

 Inzwischen hast du zahlreiche Vorträge gehört und erfahren, was man bei Vorträgen vermeiden sollte. Setze die Liste fort.

Bei Vorträgen unbedingt vermeiden:

▶ *ohne Hinführung gleich ins Thema einsteigen*

▶ *Informationen aufzählen, ohne sie in einen Zusammenhang zu bringen*

▶ *mit zu vielen Zahlen und Fachbegriffen um sich werfen*

▶ _____

▶ _____

▶ _____

▶ _____

Die Elemente einer ansprechenden Einleitung (1/2)

Die Einleitung zu einem Vortrag soll …

▶ die Zuhörer an das Thema heranführen, Interesse und Neugier wecken,

▶ deutlich machen, warum das Thema für die Gesellschaft, die Zuhörer oder
den Redner wichtig ist,

▶ die Zuhörer informieren, worum es geht, also das Thema und die Teilthemen benennen.

> Untersuche gemeinsam mit einem Partner die Einleitungen auf S. 29.
> Enthalten sie die Elemente einer ansprechenden Einleitung?

Vorgehen

1. Lest alle drei Einleitungen aufmerksam durch.

2. Besprecht, worin die Stärken und Schwächen der verschiedenen Einleitungen
   bestehen. Notiert eure Anmerkungen stichpunktartig am Rand.

3. Versucht nun gemeinsam im Plenum, eine Rangfolge nach der Qualität der
   Einleitungen zu bilden, und begründet diese.

4. Tauscht euch anschließend im Plenum darüber aus, was in einer Einleitung
   unbedingt vermieden werden sollte. Haltet euere Ergebnisse schriftlich fest!

© Verlag an der Ruhr | Postfach 10 22 51 | 45422 Mülheim an der Ruhr | www.verlagruhr.de | ISBN 978-3-8346-0500-9

Die Elemente einer ansprechenden Einleitung (2/2)

Marcel

Ich halte jetzt ein Referat zum Thema „Schwarze Löcher". Der Begriff „Schwarzes Loch" wurde 1967 von Archibald Wheeler eingeführt. Aber schon 1783 hatte der Naturforscher John Michell die Vermutung, dass es schwere Sterne mit einer großen Gravitationskraft geben könnte. Schwarze Löcher haben eine Masse von 3 bis zu 10 Milliarden Sonnenmassen. Wie viele Schwarze Löcher es im Universum gibt, ist bisher nicht bekannt. So. Und jetzt zu meinem Hauptteil.

Susan

Also. Jetzt habe ich mich drei Wochen mit Schwarzen Löchern befasst. Am Anfang habe ich noch gedacht: „Das interessiert mich doch überhaupt nicht." Dann bin ich auf eine Internetseite der NASA gestoßen und habe erfahren, dass die Erde irgendwann einmal von einem Schwarzen Loch verschluckt werden wird. Aber ich kann euch beruhigen, bis dahin ist es noch eine ganze Weile hin. Vorher will ich euch noch erklären, was Schwarze Löcher überhaupt sind, wo es sie im Weltall gibt und wie sie entstehen. Zum Schluss werde ich noch etwas über die Geheimnisse der Schwarzen Löcher sagen. Denn sie kommen ja oft in Science-Fiction-Filmen vor.

Franziska

Mein Referat hat das Thema „Schwarze Löcher". Wer gerne Science-Fiction-Filme schaut, hat davon bestimmt schon gehört. Als Erstes sage ich etwas zur Entdeckung der Schwarzen Löcher. Dabei werde ich zeigen, wie Forscher Schwarze Löcher am Himmel überhaupt erkennen. Danach werde ich einen kurzen Film vorführen, wie Schwarze Löcher entstehen. Hierüber gibt es unterschiedliche Theorien, ich werde zwei davon vorstellen. Bevor ich auf die Probleme der Schwarzen Löcher für die Menschheit eingehe, zeige ich dann eine Karte über die Entfernung der Schwarzen Löcher von der Erde. Schwarze Löcher sind Lichtjahre von der Erde entfernt. Dann werde ich noch ein paar Daten zu Größe und Masse sagen. Die Masse von Schwarzen Löchern wird meist in Sonnenmassen angegeben. Und am Schluss werde ich dann noch eine kurze Szene aus einem Science-Fiction-Film zeigen, in der es um ein Schwarzes Loch geht.

© Verlag an der Ruhr | Postfach 10 22 51 | 45422 Mülheim an der Ruhr | www.verlagruhr.de | ISBN 978-3-8346-0500-9

Eine ansprechende Einleitung entwickeln

Wähle ein Thema aus, und plane hierzu eine ansprechende Einleitung:

▶ *Castingshows im Fernsehen*
▶ *Berufswahl*
▶ *Guter Unterricht*
▶ *Lesen bildet*
▶ *Mobbing unter Jugendlichen*
▶ *Tierversuche*

Vorgehen

1. **Bearbeite die folgenden Schritte zur Planung deiner Einleitung.**

Schritt 1: Brainstorming (S. 24)
▶ *Was fällt dir zum Thema spontan ein?*
▶ *Welche Begriffe gehören inhaltlich zusammen (= Teilthemen)?*
▶ *Welche Fragen lassen sich für die einzelnen Teilthemen formulieren?*
Nimm dazu ein extra Blatt!

Schritt 2: Hinführung zum Thema
▶ *Warum ist das Thema wichtig?*
▶ *Auf welche Teilthemen möchtest du in deinem Vortrag eingehen?*
Notiere Stichpunkte!

Schritt 3: Interesse wecken
Welche Informationen oder Fragestellungen könnten die Neugierde der Zuhörer wecken?
Notiere spannende Fragen, Aufsehen erregende Fakten.

---

2. **Schreibe die Einleitung als Fließtext auf. Schreibe so, wie du auch sprechen würdest. Folgende Reihenfolge ist sinnvoll:**
   ▶ Nennung des Themas
   ▶ Hinführung zum Thema, Interesse wecken
   ▶ Überblick über die Teilthemen

3. **Lest euch in Gruppen gegenseitig eure Einleitungen vor. Besprecht die Stärken und Schwächen. Gebt euch Verbesserungstipps.**

© Verlag an der Ruhr | Postfach 10 22 51 | 45422 Mülheim an der Ruhr | www.verlagruhr.de | ISBN 978-3-8346-0500-9

Ein Beispiel für eine ansprechende Einleitung

So könnte eine ansprechende Einleitung zu einem Referat oder einer Präsentation gestaltet werden.

Kommentar	Einleitung
Die Zuhörer werden direkt angesprochen.	Ihr habt euch bestimmt schon immer gefragt: Warum ist es hier eigentlich immer so verdammt kalt im Winter – während die Menschen in Rio de Janeiro zur gleichen Zeit Strandpartys feiern können?
Zunächst umgangssprachliche Ausdrucksweise. Schwierige Fachbegriffe werden hier zu Anfang noch sparsam verwendet. Auf diese Weise wird das Problem greifbar gemacht, sodass die Zuhörer folgen können.	Ja, ja, ich weiß. Brasilien liegt näher am Äquator und der liegt näher an der Sonne. Aber so einfach ist das mit der Temperatur leider nicht. Auf den Abstand zur Sonne kommt es nämlich nicht an. Das will ich euch in meinem Vortrag erklären.
Nennung des Themas	Mein Thema lautet „Die Klimazonen der Erde".
Folie mit einer Abbildung, die das Thema veranschaulicht.	*[Redner präsentiert die Folie einer Weltkarte mit farbig markierten Bereichen – verkehrt herum aufgelegt.]*
Ein Missgeschick wir aufgegriffen, beseitigt und mit einer humorvollen Bemerkung wiedergutgemacht.	Jetzt denken viele wahrscheinlich, es sei Absicht, dass die Erde kopfsteht … *[Redner dreht Folie um]* … war aber nur ein Versehen, habe gar nicht bemerkt, dass ich so nervös bin.
Die Teilthemen werden genannt und durch Leitfragen greifbar gemacht.	Also: Als Erstes werde ich der Frage nachgehen: Warum ist es an den Polen kalt und am Äquator warm? Das hängt nämlich mit der Neigung der Erdachse zusammen. Dazu werde ich euch ein kleines Experiment vorführen.
Ankündigung weckt Aufmerksamkeit.	Anschließend stelle ich euch die vier Klimazonen der Erde vor, die ihr hier auf der Folie schon gut erkennen könnt. *[Redner weist auf die Projektion der Folie an der Wand.]*
Ankündigung weckt Neugier auf den Schluss.	Am Schluss kommen wir nach Deutschland, in die so genannte gemäßigte Zone. Warum ist es hier im Sommer warm und im Winter kalt?
Redner zeigt, dass er sich gut vorbereitet und recherchiert hat.	Dazu habe ich im Internet eine ganz schöne Animation gefunden, die ich euch zeigen werde.
Überleitung zum Hauptteil	So, nun geht es mit dem Experiment los, wofür ich diesen Globus hier brauche.

 Halte diese Einleitung im freien Vortrag. Aber keine Angst! Dazu musst du sie nicht auswendig lernen! Bereite dir aber einen Stichpunktzettel vor, der dich mit wenigen Notizen sicher durch die Einleitung führt.

© Verlag an der Ruhr | Postfach 10 22 51 | 45422 Mülheim an der Ruhr | www.verlagruhr.de | ISBN 978-3-8346-0500-9

Möglichkeiten für einen gelungenen Schluss

Das einfache Anhängen eines Schlusssignals, wie zum Beispiel *„So, das war mein Vortrag!"*, ist für Zuhörer unbefriedigend. Genau wie sie durch die Einleitung an das Thema „herangeführt" werden, möchten die Zuhörer am Schluss auch aus dem Thema „herausgeführt" werden.

1. Verschaffe dir einen Überblick, welche Elemente ein wirkungsvoller Schluss zum Thema *„Gesunde und ungesunde Lebensweise"* enthalten kann.

2. Schreibe einen wirkungsvollen Schluss zum Thema deines letzten Vortrags. Probiere verschiedene Möglichkeiten aus!

Zusammenfassung	*„Zusammenfassend gibt es also drei Faktoren einer ungesunden Lebensweise: falsche Ernährung, Bewegungsmangel und zu viel Stress."*
Anknüpfen an die Einleitung	*„Ich sagte ja am Anfang, dass vor allem der Bewegungsmangel als großes Problem angesehen wird."*
Prognose	*„Die Entwicklung geht übrigens dahin, dass immer mehr Menschen ungesund leben, was auch damit zusammenhängt, dass immer mehr Jugendliche den Computer dem Sport vorziehen."*
Persönliche Einschätzung	*„Ich persönlich glaube, dass man es mit der gesunden Ernährung aber auch nicht übertreiben sollte. Meine Schwester guckt vor jedem Bissen in ihre Kalorientabelle. Das finde ich zu viel des Guten. Essen sollte ja auch Spaß machen."*
Empfehlung	*„Übrigens empfehle ich, euch zum Thema Fastfood einmal den Film „Super Size Me" anzuschauen. Da wird gezeigt, was mit einem Menschen passiert, der sich einen Monat lang nur von Burgern, Pommes und Cola ernährt."*
Aufforderung zur Diskussion	*„Jetzt interessiert mich natürlich: Wie schätzt ihr selbst eure eigene Lebensweise ein?"*

Ein Schluss muss nicht immer alle Elemente enthalten. Welche sich eignen, hängt auch vom Thema des Vortrags ab. So lässt sich beispielsweise über *„Fotosynthese"* schlecht diskutieren, und über das Thema *„Pyramidenbau im alten Ägypten"* lassen sich kaum Prognosen aufstellen.

© Verlag an der Ruhr | Postfach 10 22 51 | 45422 Mülheim an der Ruhr | www.verlagruhr.de | ISBN 978-3-8346-0500-9

Einen Kurzvortrag halten: Einführung

Die letzten Geheimnisse unserer Zeit? Welche sind das und wie kann man sie enthüllen? Atlantis – Fakt oder Fiktion? Können Menschen wirklich Gedanken lesen? Gibt es Leben auf anderen Planeten? Sind die Lebewesen dort intelligenter als wir? Es gibt noch einige ungelöste Geheimnisse der Welt, die uns faszinieren.

Bereite einen Kurzvortrag zum Thema *„Geheimnisse unserer Zeit vor"*. Du hast die Wahl zwischen *„Telepathie – richtiger oder falscher Zauber?"* (S. 34) oder *„Außerirdische auf der Erde?"* (S. 35).

Vorgehen

1. Informationen sammeln
- Markiere wichtige Informationen im Text.
- Schreibe die Informationen in Stichpunkten auf einzelne Zettel oder als Liste auf.
- Ergänze Informationen, die du selbst zu diesem Thema hast.

2. Informationen gliedern
- Ordne die Informationen nach Teilthemen.
- Bringe sie für deinen Vortrag in eine sinnvolle Reihenfolge.

3. Einleitung und Schluss
- Überlege, welche Informationen oder Gedanken zum Thema hinführen und Interesse bei den Zuhörern wecken könnten.
- Notiere Stichpunkte für einen wirkungsvollen Schluss.

© Verlag an der Ruhr | Postfach 10 22 51 | 45422 Mülheim an der Ruhr | www.verlagruhr.de | ISBN 978-3-8346-0500-9

Einen Kurzvortrag halten: Text A

Telepathie – richtiger oder falscher Zauber?

Wahrscheinlich ist es niemandem entgangen: In so genannten Mentalisten-Shows im Fernsehen werden uns lediglich mehr oder weniger verblüffende Zaubertricks vorgeführt. Jedoch beschäftigen sich auch seriöse Forschungseinrichtungen seit mehr als 50 Jahren mit der Frage: Ist Gedankenlesen (Telepathie) möglich? Vor allem während und nach dem 2. Weltkrieg investierten die Geheimdienste der Sowjetunion und der USA Millionenbeträge in die Erforschung telepathischer Fähigkeiten zum Einsatz bei der Spionage. In Film und Roman sind solche Spione unter der Bezeichnung „PSI-Agenten" eingegangen. Aber auch wissenschaftliche Einrichtungen führen Experimente im so genannten Bereich der Parapsychologie durch, so zum Beispiel die Universität Freiburg im Breisgau, die bis 1998 Studien zu Versuchen mit Telepathie auswertete. Versuche zur Telepathie folgen einem einfachen Prinzip: Einem „Sender" werden nach dem Zufallsprinzip nacheinander verschiedene Abbildungen gezeigt. Ein „Empfänger" muss die vom Sender gesehene Abbildung nennen.

Gängig ist der so genannte „Zener-Versuch": Dem Sender werden nacheinander 25 Karten gezeigt, die jeweils eines von fünf möglichen Symbolen zeigen: Kreis, Kreuz, Wellenlinie, Quadrat, Stern. Der Sender soll nun dem Empfänger Karte für Karte telepathisch übertragen, sodass dieser die richtige Reihenfolge nennen kann. Nach dem Gesetz der Wahrscheinlichkeit kann es jedem Menschen gelingen, fünf Symbole richtig zu „erraten". Ein Hinweis auf die Existenz von telepathischen Fähigkeiten wäre, wenn es einem Empfänger gelingen würde, regelmäßig mehr als fünf Symbole richtig zu nennen. Um den Zufall auszuschließen, werden diese Versuche hundertfach wiederholt. Übrigens werden im Unterschied zu Fernsehshows bei wissenschaftlichen Studien Möglichkeiten des Tricksens unterbunden. So werden Sender und Empfänger räumlich getrennt und dem Empfänger Augen und Ohren verschlossen. Ein eindeutiger Beweis der Existenz von Telepathie ist bis heute allerdings nicht erbracht worden, was jedoch kein Gegenbeweis darstellen muss. Eine US-amerikanische Forschungsgesellschaft hat übrigens ein Preisgeld in Höhe von 1 Million Dollar ausgesetzt, die derjenige erhält, dem der nachprüfbare Beweis von telepathischen Fähigkeiten gelingt. Es lohnt sich also, auf jeden Fall einmal auszuprobieren, ob man selbst mit telepathischen Fähigkeiten ausgestattet ist.

© Verlag an der Ruhr | Postfach 10 22 51 | 45422 Mülheim an der Ruhr | www.verlagruhr.de | ISBN 978-3-8346-0500-9

Einen Kurzvortrag halten: Text B

Außerirdische auf der Erde?

Theorien, dass sich auf der Erde Außerirdische aufhalten oder die Erde in der Vergangenheit besucht haben, gibt es verstärkt seit den 60er-Jahren, als die Menschen selbst mit der bemannten Raumfahrt begannen.

Die Vorstellung außerirdischen Lebens auf unserem Planeten scheint die Menschheit zu faszinieren, was auch die Erfolge zahlreicher Hollywood-Produktionen, wie „ET" oder „Men in black", belegen. Aber auch jenseits der Welt von Romanen und Filmen wurde in der Vergangenheit vielfach versucht, die Anwesenheit von Außerirdischen auf der Erde zu beweisen.

Ende der 60er-Jahre stellte Erich von Däniken die Theorie auf, dass vor etwa 5 000 Jahren Außerirdische die Erde besucht hätten. Er stützt sich dabei auf die bis heute nicht restlos beantwortete Frage, wie die alten Ägypter in der Lage waren, Pyramiden zu bauen. Dazu mussten Steinquader mit einem Gewicht von mehreren Tonnen über hunderte von Kilometern transportiert und bis zu einer Höhe von 150 Meter aufeinandergestapelt werden. Die Ägypter kannten zu dieser Zeit weder das Rad noch den Flaschenzug. Däniken geht davon aus, dass die Ägypter Hilfe von Außerirdischen hatten, welche die Pyramiden als Start- und Landerampen für ihre Raumschiffe benötigten. Einen weiteren Hinweis sieht Däniken in den Abbildungen ägyptischer Götter. So zeigen Darstellungen des ägyptischen Gottes Anubis eine menschenähnliche Gestalt mit dem Kopf eines Schakals. Däniken ist der Überzeugung, die Götter der Ägypter seien in Wahrheit Außerirdische gewesen. Seine Bücher verkauften sich seit den 70er-Jahren weltweit millionenfach.

Ebenfalls seit den 60er-Jahren existiert der Mythos um ein amerikanisches Luftwaffengelände im Wüstenstaat Nevada: die Area 51. Dort soll das amerikanische Militär angeblich ein 1947 in New Mexico abgestürztes Raumschiff untersuchen, um Erkenntnisse über die außerirdischen Technologien zu gewinnen. Mitarbeiter des Militärs traten in der Öffentlichkeit als Zeugen auf. Sie berichteten auch, tote Aliens gesehen zu haben. Das amerikanische Militär weist diese Legende bis heute zurück, was bei Verschwörungstheoretikern die Fantasie jedoch eher noch angeregt hat.

In regelmäßigen Abständen berichten die Medien über angebliche UFO-Abstürze, zum Beispiel im Urwald von Brasilien im Jahr 1999, und über angebliche Entführungen durch Außerirdische. Seit 1984 steht die Menschheit aber vor einer neuen Frage: Sind wir Menschen selbst Außerirdische? Deutsche Forscher untersuchten einen im Eis der Antarktis eingeschlossenen Meteoriten.

Sie entdeckten, dass dieser bei seinem Absturz vor mehreren Millionen Jahren Aminosäuren auf die Erde gebracht hat – den Grundbaustein menschlichen Lebens.

Bewertungsbogen für Kurzvorträge

 Notiert nach jedem Vortrag Stichpunkte zur Ausführung. Verwendet als Kürzel die Anfangsbuchstaben. Ihr könnt die einzelnen Kriterien auch unter euch aufteilen.

		Redner:	Redner:	Redner:	Redner:
Sprechweise	+ ruhig, deutlich / verständlich / abwechslungsreich				
	− leise, monoton / hektisch / verwirrend				
Körperhaltung	+ ruhig, deutlich / gerade / zugewandt				
	− unruhig / starr / abgewandt				
Gestik	+ passend / unterstützt das Gesagte				
	− nicht kontrolliert / Hände spielen herum / gar keine Gestik				
Blick	+ immer ins Publikum / jeder wird mal angeschaut				
	− meist auf den Zettel / aus dem Fenster / nur zu einer Person				
Einleitung	+ erweckt Interesse / man erfährt, worum es geht				
	− zu viele Informationen / trocken / verwirrend				
Hauptteil	+ viele interessante Informationen / verständlich erklärt				
	− kaum Informationen / Informationen gehen durcheinander / Nebensächliches				
Schluss	+ wirkungsvoller Abschluss / Zuhörer werden angesprochen				
	− endet abrupt / hinterlässt Fragezeichen				

© Verlag an der Ruhr | Postfach 10 22 51 | 45422 Mülheim an der Ruhr | www.verlagruhr.de | ISBN 978-3-8346-0500-9

Geeignete Anschauungsmittel finden

„Der Tyrannosaurus Rex ist ein Saurier mit zwei kräftigen Hinterbeinen und zwei verkümmerten Vorderbeinen. Der Schwanz ist mit 6 Metern Länge halb so lang wie die ganze Echse. Auf der Haut befinden sich …"
Stopp!

Ein Bild sagt mehr als 1 000 Worte. Warum lange reden, wenn man Informationen schneller und besser durch eine Abbildung oder ein Hörbeispiel vermitteln kann? Durch Abbildungen, Filmausschnitte oder Gegenstände werden Inhalte lebendiger und prägen sich besser ein.

Geeignete Anschauungsmittel:

Ein Plakat mit …
Ein großes Foto von …
Ein Diagramm mit …
Eine Zeichnung mit …
Einen kurzen Filmausschnitt über …
Ein Hörbeispiel mit …
Eine OH-Folie mit …
Ein Rollenspiel über …
Ein Gegenstand …
Ein Modell von …

Überlegt, welche Anschauungsmittel sich eignen. Notiert zu jedem Thema fünf verschiedene Anschauungsmittel.

1. Tyrannosaurus Rex

▶ *Modell eines Tyrannosaurus*

▶ *Hörbeispiel mit Dinosaurier-Stimmen*

▶

▶

▶

3. Klimawandel durch CO_2

▶

▶

▶

▶

2. Der Komponist Wolfgang Amadeus Mozart

▶

▶

▶

▶

▶

4. Casting-Shows im Fernsehen

▶

▶

▶

▶

▶

© Verlag an der Ruhr | Postfach 10 22 51 | 45422 Mülheim an der Ruhr | www.verlagruhr.de | ISBN 978-3-8346-0500-9

Visuelle Anschauungsmittel im Überblick (1/2)

© Verlag an der Ruhr | Postfach 10 22 51 | 45422 Mülheim an der Ruhr | www.verlagruhr.de | ISBN 978-3-8346-0500-9

Plakate: Plakate mit Abbildungen und wenig Text sind bei Präsentationen fast unverzichtbar. Falls dir kein A2-Papier zur Verfügung steht, klebst du einfach zwei A3-Bögen aneinander.

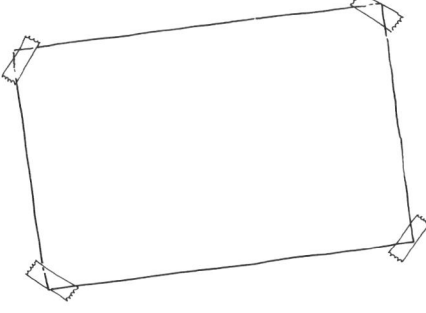

Beachten:

▶ Zum Beschriften dicke Faserstifte mit 3–4 Farben verwenden.

▶ Farben wohldosiert einsetzen, z.B. für Überschriften immer die gleiche Farbe wählen.

▶ Plakate brauchen eine große Schrift, mindestens 4–5 cm Schriftgröße.

▶ Auf Plakate gehören nur knappe Formulierungen, Halbsätze, Stichworte oder vereinfachte Zeichnungen und Abbildungen, keinesfalls aber Fließtext.

Folien: Folien für Tageslichtprojektoren bekommst du von der Schule. Zur Beschriftung benötigst du einen wasserfesten Folienstift. Auf spezielle Folien lassen sich auch Fotos kopieren oder Grafiken drucken, die du am Computer erstellt hast.

Beachten:

▶ Die Größe der Projektion hängt auch vom Abstand des Projektors zur Wand ab.

▶ Die Lesbarkeit einer Folie solltest du vorab unbedingt im Raum ausprobieren.

▶ Eine Folie sollte möglichst keine Mischung aus Bild und Wort enthalten, das lenkt sich gegenseitig ab.

▶ Gehe sparsam mit Text um. Beschränke dich auf 5 Kernaussagen pro Folie.

▶ Folien sollten nur zu zwei Dritteln gefüllt sein, um ein Nachschieben zu vermeiden.

▶ Schrifthöhe niemals kleiner als 1 cm; bei Computerschrift Schriftgröße 16 pt verwenden.

Flipchart: Ein Flipchart ist ein klappbarer Plakatständer, auf dem ein Block mit großformatigen Papierbögen eingeklemmt wird. Ein leerer Bogen wird parallel zum Vortrag vor den Augen des Publikums beschrieben (Stichwörter, Skizzen, Zeichnungen). Ist ein Bogen beschrieben, wird er nach hinten geklappt. Um Zeit zu sparen, kann es aber auch sinnvoll sein, mit vorbereiteten Bögen zu arbeiten.

Beachten:

▶ Baue das Flipchart links von dir auf, damit du beim Schreiben mit der rechten Hand (Rechtshänder) nicht die Sicht verdeckst.

▶ Gestaltung wie beim Plakat.

▶ Es ist immer nur ein Plakat sichtbar; Zurückblättern ist schwierig.

Visuelle Anschauungsmittel im Überblick (1/2)

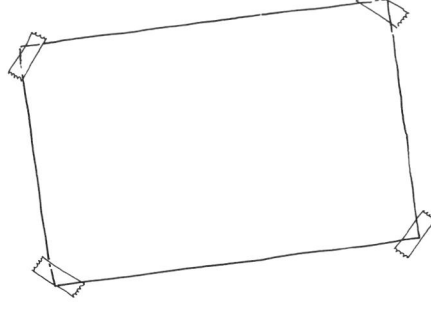

Plakate: Plakate mit Abbildungen und wenig Text sind bei Präsentationen fast unverzichtbar. Falls dir kein A2-Papier zur Verfügung steht, klebst du einfach zwei A3-Bögen aneinander.

Beachten:

▶ Zum Beschriften dicke Faserstifte mit 3–4 Farben verwenden.

▶ Farben wohldosiert einsetzen, z.B. für Überschriften immer die gleiche Farbe wählen.

▶ Plakate brauchen eine große Schrift, mindestens 4–5 cm Schriftgröße.

▶ Auf Plakate gehören nur knappe Formulierungen, Halbsätze, Stichworte oder vereinfachte Zeichnungen und Abbildungen, keinesfalls aber Fließtext.

Folien: Folien für Tageslichtprojektoren bekommst du von der Schule. Zur Beschriftung benötigst du einen wasserfesten Folienstift. Auf spezielle Folien lassen sich auch Fotos kopieren oder Grafiken drucken, die du am Computer erstellt hast.

Beachten:

▶ Die Größe der Projektion hängt auch vom Abstand des Projektors zur Wand ab.

▶ Die Lesbarkeit einer Folie solltest du vorab unbedingt im Raum ausprobieren.

▶ Eine Folie sollte möglichst keine Mischung aus Bild und Wort enthalten, das lenkt sich gegenseitig ab.

▶ Gehe sparsam mit Text um. Beschränke dich auf 5 Kernaussagen pro Folie.

▶ Folien sollten nur zu zwei Dritteln gefüllt sein, um ein Nachschieben zu vermeiden.

▶ Schrifthöhe niemals kleiner als 1 cm; bei Computerschrift Schriftgröße 16 pt verwenden.

Flipchart: Ein Flipchart ist ein klappbarer Plakatständer, auf dem ein Block mit großformatigen Papierbögen eingeklemmt wird. Ein leerer Bogen wird parallel zum Vortrag vor den Augen des Publikums beschrieben (Stichwörter, Skizzen, Zeichnungen). Ist ein Bogen beschrieben, wird er nach hinten geklappt. Um Zeit zu sparen, kann es aber auch sinnvoll sein, mit vorbereiteten Bögen zu arbeiten.

Beachten:

▶ Baue das Flipchart links von dir auf, damit du beim Schreiben mit der rechten Hand (Rechtshänder) nicht die Sicht verdeckst.

▶ Gestaltung wie beim Plakat.

▶ Es ist immer nur ein Plakat sichtbar; Zurückblättern ist schwierig.

© Verlag an der Ruhr | Postfach 10 22 51 | 45422 Mülheim an der Ruhr | www.verlagruhr.de | ISBN 978-3-8346-0500-9

Visuelle Anschauungsmittel im Überblick (2/2)

Fotos/Bilder: Bilder sagen mehr als tausend Worte …

Bilder/Fotos lassen sich mit einem Farbkopierer oder -drucker auf großes Papier oder auch auf Folien drucken. Das Projizieren mit Computer über einen Beamer ist aufwändig und lohnt sich nur bei mehreren Fotos. Fotos kannst du auch in einem Copyshop direkt vom USB-Stick oder von der CD auf A3-Papier farbig ausdrucken lassen.

Beachten:

▶ Fotos/Bilder mindestens auf A4 (besser A3) ausdrucken.

▶ Niemals ein Foto während eines Vortrags herumgeben, dies lenkt die Zuhörer von deinem Vortrag ab.

▶ Bei Bildern aus dem Internet muss die Auflösung mindestens 600 dpi betragen, sonst ist die Qualität für die Bearbeitung zu schlecht.

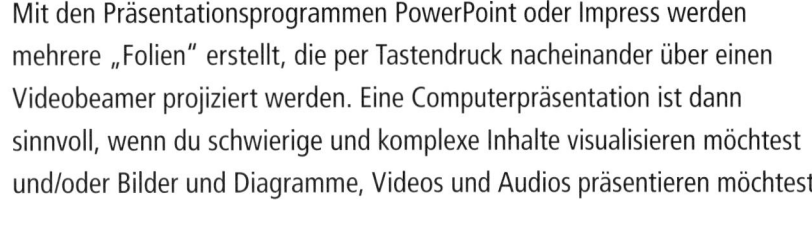

Computerpräsentation: Mit den Präsentationsprogrammen PowerPoint oder Impress werden mehrere „Folien" erstellt, die per Tastendruck nacheinander über einen Videobeamer projiziert werden. Eine Computerpräsentation ist dann sinnvoll, wenn du schwierige und komplexe Inhalte visualisieren möchtest und/oder Bilder und Diagramme, Videos und Audios präsentieren möchtest.

Beachten:

▶ Die Programme verleiten zu Effekten und zur Überfrachtung der Folien mit schlecht ausgewählten Bildern und Text. Daher verstärkt auf den Informationswert der Folien achten.

▶ Ein Technikcheck ist unerlässlich.

© Verlag an der Ruhr | Postfach 10 22 51 | 45422 Mülheim an der Ruhr | **www.verlagruhr.de** | ISBN 978-3-8346-0500-9

Einsatzmöglichkeiten von Plakaten

Plakate sind bei Referaten und Präsentationen ein unverzichtbares Anschauungsmittel.

Bei der Gestaltung solltest du einige Grundregeln beachten:

◗ jedes Plakat hat eine Überschrift

◗ große Druckschrift (mindestens 4 cm Buchstabenhöhe)

◗ maximal 25 Wörter (Zusammenhänge werden im Vortrag erläutert)

◗ möglichst mehrfarbig (2 – 4 Farben)

◗ dicke Faserstifte verwenden

Mögliche Inhalte von Plakaten

Übersicht über die Teilthemen des Vortrags

Besonders wichtige Aussagen

Beschriftetes Säulendiagramm

Pfeildiagramm

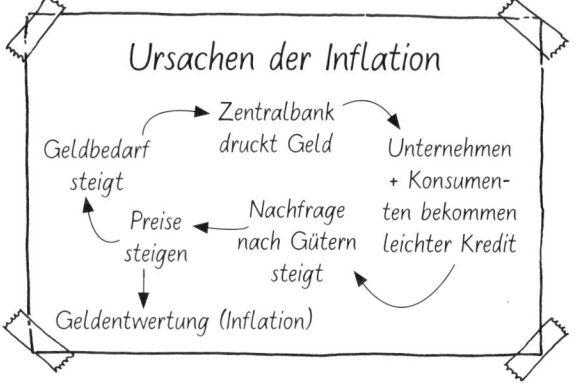

Beschriftete Zeichnung

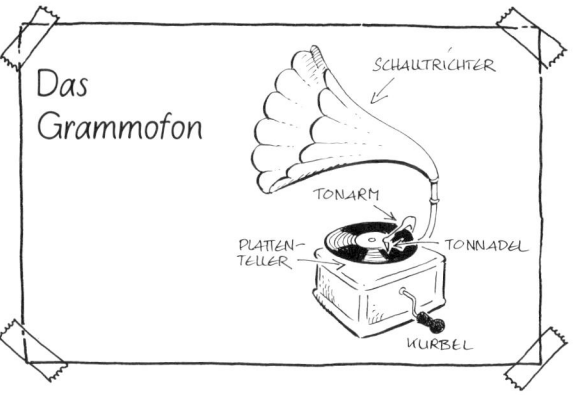

Landkarte

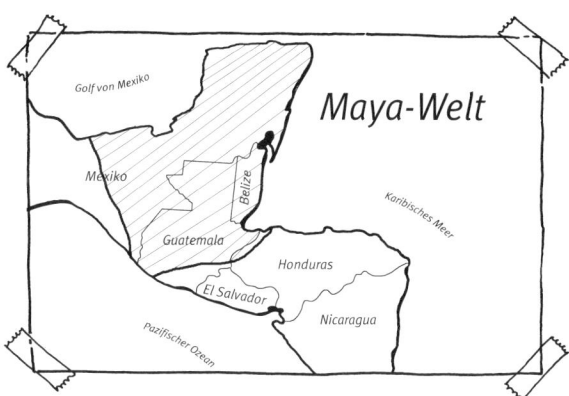

© Verlag an der Ruhr | Postfach 10 22 51 | 45422 Mülheim an der Ruhr | www.verlagruhr.de | ISBN 978-3-8346-0500-9

Plakate entwickeln und präsentieren (1/2)

Ein Plakat sollte bei einer Präsentation niemals nur der Raumverschönerung dienen. Das Abgebildete muss informativ sein und stets thematisch in den Vortrag miteinbezogen werden.

1. Erstelle ein Plakat zur Präsentation 1, das deine Erfindung, deren Teile und Funktion veranschaulicht.
2. Erstelle ein Plakat zur Präsentation 2, das die Informationen aus der Tabelle auf eine andere Weise veranschaulicht.
3. Erstelle ein Plakat zur Präsentation 3, das den im Text beschriebenen Vorgang mit möglichst wenig Text anschaulich darstellt.

Präsentation 1: Erfindung des Füllers

Du bist Erfinder im Jahr 1883 und bei einer Firma für Schreibutensilien angestellt. Du hast soeben den Füllfederhalter entwickelt, also ein Schreibgerät, das nicht mehr ständig in ein Tintenfass eingetunkt werden muss, sondern eine Tintenpatrone enthält. Stelle deine Erfindung bei einer Sitzung der Geschäftsleitung vor. Du bist überzeugt, dass der Füller ein Riesenerfolg wird, und willst dein Unternehmen dazu bringen, deine Erfindung zu produzieren.

Präsentation 2: Wo machen die Deutschen Urlaub?

Die häufigsten Urlaubsziele der Deutschen (2008)	Urlauber
Deutschland	15 Millionen
Spanien	7 Millionen
Türkei	3 Millionen
Italien	2,5 Millionen
Österreich und Schweiz	2,5 Millionen
Osteuropa	1,5 Millionen
Griechenland	1,5 Millionen
Frankreich	1 Million
Skandinavien	1 Million
Nordafrika	500 000
Amerika, Asien	500 000

Präsentation 3: Papierrecycling

Umweltbewusste Konsumenten trennen Papier vom Restmüll und werfen es in die Altpapiertonne. Zu Beginn des Recyclingzyklus steht also die Altpapiersammlung. Nach dem Sortieren beim Altpapierhändler wird das Altpapier zu Ballen gepresst und per Lastwagen oder per Bahn zur Papierfabrik gebracht. Dort wird das angelieferte Material in Maschinen zerkleinert. Der Pulper, ein großer Mixer, quirlt die Schnipsel mit Wasser zu Brei und scheidet kleinere störende Abfälle, wie Plastikteile oder Büroklammern, ab. Im anschließenden De-inking-Verfahren wird die Druckfarbe, englisch „ink", aus dem Altpapierbrei herausgeholt und dieser in mehreren Stufen aufgehellt. Die so aufbereiteten Altpapierfasern werden dann in der Papiermaschine getrocknet und zu Papierrollen gewalzt. Aus dem recycelten Altpapier werden vor allem Zeitungen, Briefumschläge, Kartons und Toilettenpapier hergestellt.

© Verlag an der Ruhr | Postfach 10 22 51 | 45422 Mülheim an der Ruhr | www.verlagruhr.de | ISBN 978-3-8346-0500-9

Plakate entwickeln und präsentieren (2/2)

Entwickelt zu den Texten jeweils ein Plakat.
- Überlegt, welche Abbildungen sich am besten zur Veranschaulichung des Inhalts im Rahmen eines Vortrags eignen.
- Skizziert die Plakate zunächst mehrfarbig auf einem A4-Blatt, bevor ihr das „Endergebnis" auf ein A3-Plakat übertragt.

Die Entwicklung des Tonträgers

Die Geschichte der Musikaufzeichnung beginnt im Jahre 1887 mit der Schellack-Platte. Der Vorläufer der Vinyl-Schallplatte wurde auf einem Grammofon abgespielt. Der Plattenteller wurde durch Aufziehen einer Metallspirale zum Drehen gebracht, der Schall durch ein großes trichterförmiges Horn ohne Elektrizität verstärkt. Die Vinyl-Schallplatte kam 1950 zusammen mit dem Schallplattenspieler auf den Markt. Der wesentliche Unterschied zum Grammofon bestand in der besseren Klangqualität und der längeren Spielzeit. In den 70er-Jahren verfügte nahezu jeder Haushalt über einen oder mehrere Schallplattenspieler. Parallel dazu verbreitete sich ab 1935 das Tonbandgerät, welches auch die Musikaufnahme aus dem Radio möglich machte. Bis in die späten 90er-Jahre wurden Tonbandgeräte zu Aufnahmen in Tonstudios verwendet. Ab 1963 verbreitete sich die transportable Variante des Tonbandgeräts:

der Kassettenrekorder. Im Jahr 1981 kam der erste CD-Spieler auf den Markt und verdrängte die Vinyl-Schallplatte aus den Geschäften. Die Digitalisierung von Musik machte es möglich, immer mehr Musik auf immer weniger Raum zu speichern. Seit der Entwicklung des MP3-Formats 1993 wird die Festplatte des Computers zum digitalen Speichermedium für Musik. Heute lässt sich Musik von nahezu unbegrenzter Spieldauer kostengünstig auf kleinstem Raum speichern und mit MP3-Spielern abspielen. Wir sind dadurch in der Lage, nahezu jede Musik über das Internet zu laden und an jedem beliebigen Ort der Welt für uns allein zu hören: von Mozart über amerikanischen R&B bis hin zur Musik der australischen Aborigines. Wie geht die Entwicklung des Tonträgers weiter? Erstaunlicherweise hat sich die Kassette bisher am längsten gehalten. Noch heute findet sich in fast jedem Kinderzimmer ein Kassettenrekorder.

Abschied von der CD?

Seit der Gründung der ersten Internettauschbörsen für MP3-Songs im Jahr 2000 nahmen die Verkaufszahlen für CDs rapide ab. Gingen in Deutschland im Jahr 2000 noch rund 260 Mio. CDs über den Ladentisch, sank die Zahl in den folgenden Jahren stetig: 2001 (230 Mio.), 2002 (220 Mio.), 2003 (170 Mio.). Seit 2004 sind die CD-Verkaufszahlen mit rund 160 Mio. Stück relativ stabil geblieben. Vor allem das Kopieren mit preiswerten Rohlingen und der illegale Download von Songs aus dem Internet machte der Musikindustrie zu schaffen. Wurden im Jahr 2000 noch 300 Mio. Songs aus dem Internet geladen, waren es 2001 schon 500 Mio. und in den Jahren 2002 und 2003 über 600 Mio. Seit dem Verbot von Tauschbörsen gingen die illega-

len Downloads im Jahr 2004 auf 400 Mio. zurück. Um weiterhin an Musik profitieren zu können, sattelte die Musikindustrie um: Seit 2004 können Songs über das Internet geladen werden – allerdings kostenpflichtig. So überrascht es nicht, dass die Musikindustrie nach wie vor mit der Online-Piraterie zu kämpfen hat: Auf einen legalen Download kommen rund 14 illegale Downloads. Insgesamt liegt die Zahl illegaler Downloads im Jahr 2008 bei 300 Mio. Und auch die Zahl privater Kopien steigt unverändert an. Jeder zweite Deutsche ab zehn Jahren brennt CDs oder DVDs, vor allem Musik. Auf eine verkaufte CD kommen etwa drei Kopien. Für die CD bleibt es also auch im Jahr 2009 vorerst ungewiss: Hat sie eine Überlebenschance auf dem Markt?

© Verlag an der Ruhr | Postfach 10 22 51 | 45422 Mülheim an der Ruhr | www.verlagruhr.de | ISBN 978-3-8346-0500-9

Diagramme auf Plakaten und Folien

Hier siehst du Beispiele für die häufigsten Diagrammarten.

Pfeildiagramm

Mit Hilfe eines Pfeildiagramm lassen sich Zusammenhänge, Abhängigkeiten oder Abläufe aufzeigen.

Säulendiagramm

Mit Säulendiagrammen lassen sich Größen vergleichen. Die Daten hierfür werden meist aus Umfragen gewonnen.

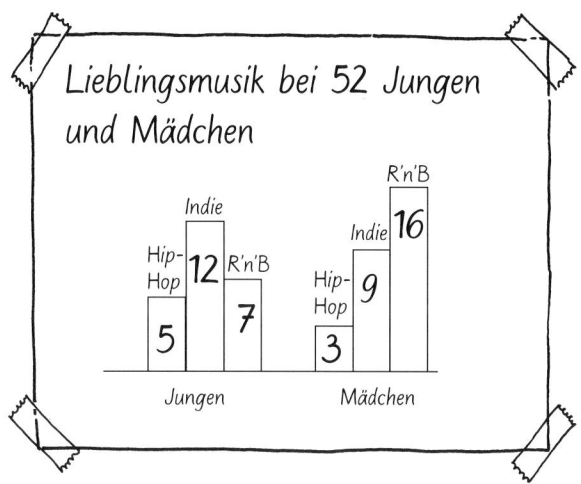

Kreisdiagramm

Kreisdiagramme eignen sich zur Darstellung von Verteilungen und Anteilen.

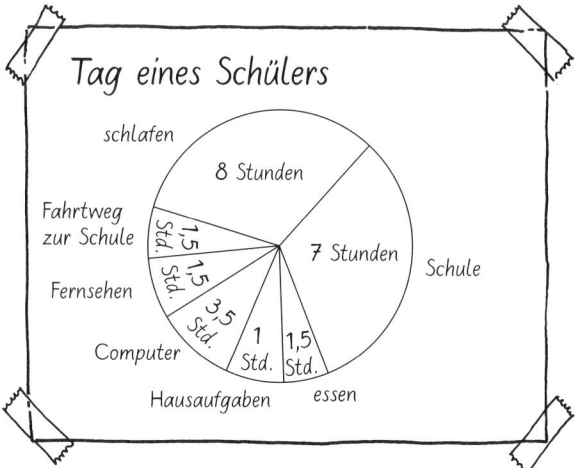

Liniendiagramm

Mit einem Liniendiagramm lässt sich die Entwicklung von Mengen in einem bestimmten Zeitrahmen veranschaulichen.

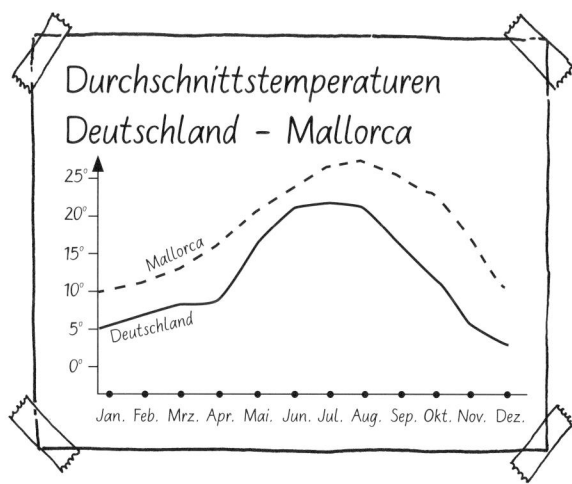

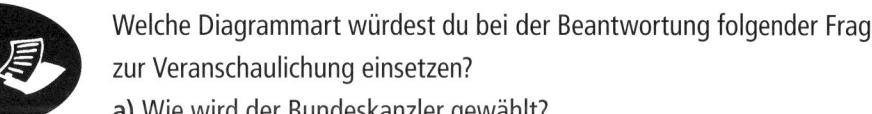

Welche Diagrammart würdest du bei der Beantwortung folgender Fragen zur Veranschaulichung einsetzen?

a) Wie wird der Bundeskanzler gewählt?

b) Wie entwickelten sich die Benzinpreise in den letzten 20 Jahren

c) Wofür geben Jugendliche zwischen 14 und 16 Jahren ihr Taschengeld aus?

d) Wie funktioniert die Nahrungskette?

e) Welche Religionen gibt es in Deutschland?

© Verlag an der Ruhr | Postfach 10 22 51 | 45422 Mülheim an der Ruhr | www.verlagruhr.de | ISBN 978-3-8346-0500-9

Diagramme zu einer Umfrage erstellen

Chatten Mädchen wirklich den halben Tag lang? Können Jungen besser mit dem Computer umgehen? Sind nur Jungs Fans von Computerspielen? Vorurteile gibt es viele. Aber wie ist es wirklich – in eurer Klasse?

1. Macht zum Thema *„Jugendliche und der Computer"* eine Umfrage.
2. Ergänzt den Umfragebogen durch weitere Fragen.
3. Wählt für die Auswertung geeignete Diagrammarten aus, und präsentiert eure Ergebnisse auf Plakaten oder Folien.

		Ergebnisse der Umfrage		
		Gesamt	Mädchen	Junge
1) Ich bin ein …	❏ Mädchen		%	%
	❏ Junge			
2) Besitzt du einen eigenen Computer?	❏ Ja		%	%
	❏ Nein	*nur Ja wird berechnet*		
3) Wie gut kannst du mit dem Computer umgehen?	❏ sehr gut		%	%
	❏ mittel/ wenig		%	%
4) Wie viele Stunden verbringst du im Durchschnitt täglich am Computer?	❏ 0–1		%	%
	❏ 1–2		%	%
	❏ mehr als 2		%	%

Umrechnung in Prozentangaben:
Wenn mehr Jungen als Mädchen an der Umfrage teilnehmen oder umgekehrt, müssen die Zahlen in Prozentangaben umgerechnet werden, damit sie vergleichbar werden.

Beispiel:
15 Mädchen und 12 Jungen ➡ gesamt: 27 (= 100 %).
Anteil der Jungen: 12 / 27 x 100 = 44 %

© Verlag an der Ruhr | Postfach 10 22 51 | 45422 Mülheim an der Ruhr | www.verlagruhr.de | ISBN 978-3-8346-0500-9

Computerpräsentation – Einführung

Was ist eine Computerpräsentation?

Unter einer Computerpräsentation versteht man das fortlaufende Präsentieren von mehreren Abbildungen mit Text, die mit Computerprogrammen wie PowerPoint oder Impress erstellt werden. Eine Präsentation besteht aus mehreren „Folien", die in vorher festgelegter Reihenfolge nacheinander auf dem Bildschirm erscheinen bzw. mit einem Videobeamer projiziert werden. Während der Präsentation kann der Redner mit einem Tastendruck die nächste Folie aufrufen. Auch Hörbeispiele und Filmsequenzen lassen sich in Computerpräsentationen einbauen. Mittlerweile sind auch Videoprojektoren erschwinglich geworden, sodass viele Schulen inzwischen über transportable Beamer verfügen.

Mit welchen Programmen stellt man eine Computerpräsentation her?

Das Programm PowerPoint von Microsoft ist Marktführer, weshalb von Computerpräsentationen meist nur von *PowerPoint-Präsentationen* gesprochen wird. Seit einigen Jahren ist aber auch das kostenlose Programm *Impress* zusammen mit dem *OpenOffice-Paket* erhältlich. Die Funktionen von *Impress* und *PowerPoint* sind weitestgehend gleich, sodass ein Umstieg vom einen Programm auf das andere sehr einfach ist. Lediglich die Befehle unterscheiden sich geringfügig in ihrer Bezeichnung.

Hinweis: Je aktueller die Programmversion ist, desto benutzerfreundlicher ist dies für den Anwender. Das aktuelle Office-Paket mit *Impress* kann kostenlos unter www.download.openoffice.org heruntergeladen werden.

Computerpräsentation – Ja oder Nein?

Eine Computerpräsentation ist dann sinnvoll, wenn viele unterschiedliche Anschauungsmittel präsentiert werden sollen: Fotos, Bilder, Diagramme, eventuell kurze Filmsequenzen oder Hörbeispiele. Die Entscheidung für oder gegen eine Computerpräsentation hängt also auch vom Thema ab. Die Frage, ob Computerpräsentationen grundsätzlich sinnvoll sind, spaltet die Zuhörer in zwei Lager: In PowerPoint-Befürworter und PowerPoint-Gegner.

Die PowerPoint-Befürworter sagen,
- das Erstellen sei einfach und diene gleichzeitig als Gliederung für den Vortrag,
- die Darstellung sei multimedial und besonders anschaulich,
- die Verwendung von PowerPoint sei in Unternehmen Standard, und deshalb sollten auch Schüler damit umgehen können.

Die Gegner sagen,
- die Erstellung und der technische Aufwand sei aufwändiger als die von herkömmlichen Folien und Plakaten,
- meist würden Präsentationen überwiegend aus verspielten Effekten bestehen, und dadurch an Aussagekraft verlieren,
- Redner würden oft dazu neigen, zu viel Text zu zeigen und diesen dann nur noch von der Folie abzulesen.

Bilde dir selbst eine Meinung!

© Verlag an der Ruhr | Postfach 10 22 51 | 45422 Mülheim an der Ruhr | www.verlagruhr.de | ISBN 978-3-8346-0500-9

Computerpräsentation – *„Unsere Schule"*

Nicht jedes Thema eignet sich für eine Computerpräsentation. Ein Thema ist dann geeignet, wenn sich die Inhalte am besten durch viele verschiedenartige Abbildungen veranschaulichen lassen. Beim Thema „Unsere Schule" ist die Computerpräsentation eine geeignete Form. Denn hier lassen sich Zeichnungen, Fotos, Pläne, Diagramme integrieren.

Ihr braucht:
▶ einen Computer mit PowerPoint oder Impress (www.download.openoffice.org)
▶ eine Digitalkamera
▶ einen USB-Speicherstick
▶ eventuell einen Scanner (für Pläne, gezeichnete Diagramme u.a.)
▶ einen Videobeamer von der Schule (notfalls erfolgt die Präsentation über einen Monitor)

> Erstelle zusammen mit einem Partner eine Computerpräsentation zum Thema *„Unsere Schule"*.

Ziel:
Die Präsentation soll Eltern und Schülern, die nicht auf eure Schule gehen, eure Schule und deren Besonderheiten bekannt machen.

Vorgehen

1. **Was könnten Bestandteile eurer Präsentation sein? Macht zunächst ein Brainstorming.**
   So könnte eure Ideenliste beginnen:
   Schülerzahlen, Anteil Jungen/Mädchen, Besonderheiten, Profile, interessante Orte: Der Clubraum, Wie finden Schüler die Schule? (Umfrage) …

2. **Trefft eine Auswahl, und gliedert eure Inhalte. Eure Präsentation soll ein gut strukturierter Vortrag mit überschaubaren Teilthemen werden – keine kunterbunte Diashow!**

3. **Macht eine Liste mit Informationen, die ihr einholen wollt. Eure Präsentation soll informieren und sich nicht nur auf das Zeigen von Bildern beschränken!**

4. **Macht eine Liste, auf der ihr festlegt, welche Fotos, Abbildungen etc. besorgt werden müssen und wer sich darum kümmert. Bedenkt: Es sollen verschiedenartige Abbildungen sein – nicht nur Fotos.**

5. **Erstellt die Präsentation gemeinsam am Computer. Mit Hilfe der folgenden Arbeitsblätter erfahrt ihr, wie ihr Schritt für Schritt mit einem Präsentationsprogramm umgeht.**

© Verlag an der Ruhr | Postfach 10 22 51 | 45422 Mülheim an der Ruhr | www.verlagruhr.de | ISBN 978-3-8346-0500-9

Lehrgang Computerpräsentation – Die Titelfolie

Eine neue Präsentation anlegen und eine Titelfolie gestalten

Auf der Titelfolie stehen in der Regel das Thema der Präsentation, ein Untertitel und die Namen der Autoren. Eine Abbildung sollte das Thema illustrieren.

> **i** Arbeitet ihr mit PowerPoint, so findet ihr die entsprechende Befehlsfolge unter dem Symbol „PP", bei Impress unter dem „IP-Symbol".

Vorgehen

1. Eine neue Präsentation anlegen
PP: ➙ Datei ➙ Neue Präsentation   **IP:** ➙ Datei ➙ Neu ➙ Präsentation

Übersicht über die bisher angelegten Folien.

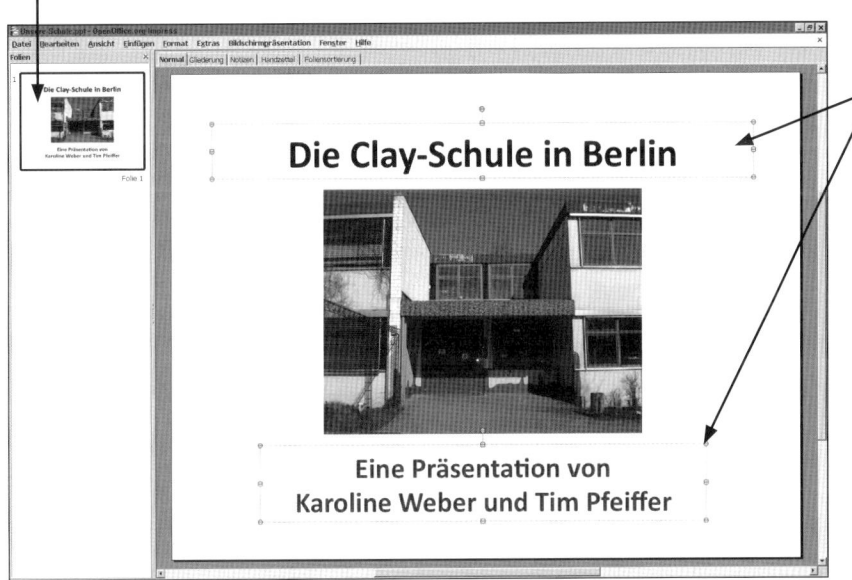

2. Textfelder
Gebt hier das Thema der Präsentation ein und einen Untertitel.
Ein neues Textfeld erzeugen:
PP: ➙ Einfügen ➙ Textfeld ➙ mit gedrückter Maustaste ein Textfeld ziehen
IP: ➙ „T" in Symbolleiste ➙ mit der Maus auf die Folie klicken

Hinweis: Textfelder lassen sich mit der Maus beliebig vergrößern und verschieben.

3. Eine Abbildung einfügen
Für das Thema „*Unsere Schule*" eignet sich zum Beispiel ein Foto des Eingangsbereichs, ein Porträt des Namensgebers oder auch ein Satellitenbild.
PP: ➙ Einfügen ➙ Bild
IP: ➙ Einfügen ➙ Bild ➙ Aus Datei …

Hinweis: Das Bild kann mit der Maus nach Klicken auf die Kante verschoben und auf die richtige Größe gebracht werden.

4. Tipps zur Gestaltung
Experimentiert mit der Hintergrundfarbe der Folie:
PP: ➙ Format ➙ Folienhintergrund
IP: ➙ Format ➙ Seite ➙ Hintergrund ➙ Füllung ➙ Farbe

Änderung von **Schrifttyp**, **Schriftgröße** und **Schriftfarbe**:
PP: Textfeld anwählen ➙ Format ➙ Schriftart
IP: Textfeld anwählen ➙ Format ➙ Zeichen ➙ auf Schrift, Schrifteffekt klicken

Hinweis: Die Schriftgröße sollte niemals kleiner als 20 pt sein.

© Verlag an der Ruhr | Postfach 10 22 51 | 45422 Mülheim an der Ruhr | www.verlagruhr.de | ISBN 978-3-8346-0500-9

Lehrgang Computerpräsentation – Die Themenübersicht

Übersicht über die Teilthemen der Präsentation

In der Einleitung sollten die Zuhörer erfahren, was sie erwartet. Hierzu wird eine Übersichtsfolie mit den Teilthemen erstellt, die du bei der Präsentation kurz erläuterst.

Vorgehen

1. **Eine neue Folie erstellen**
   PP: → Einfügen → Neue Folie   **IP:** → Einfügen → Seite

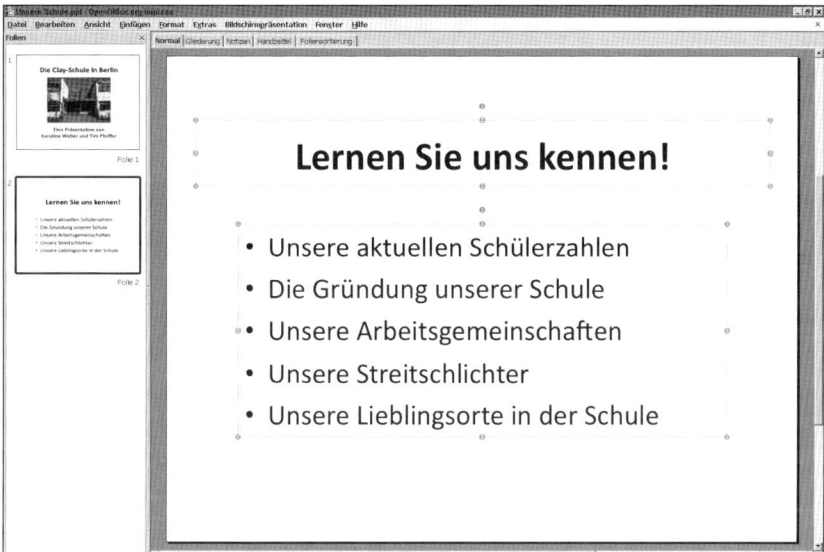

2. **Text in die Textfelder eingeben**
   Grundregel: Jede Folie erhält eine Überschrift!
   Ein neues Textfeld erzeugen:
   PP: → Einfügen → Textfeld (mit gedrückter Maustaste ein Textfeld ziehen)
   IP: → „T" in Symbolleiste → mit der Maus auf die Folie klicken

3. **Gestaltung: Text und Bilder einer Folie erscheinen nacheinander**
   Um die einzelnen Teilthemen auf Tastendruck nacheinander erscheinen zu lassen, wird die Animation „Hineinfliegen" verwendet. Dieser Effekt bietet sich hier an, um die Zuhörer nicht gleich mit zu viel Text zu „erschlagen". So kann jedes Teilthema kurz vorgestellt werden, bis das nächste erscheint.

   PP: Textfeld anwählen → Bildschirmpräsentation → Benutzerdefinierte Animation → Eingangseffekt hinzufügen → „Hineinfliegen"

   Jetzt kannst du **auswählen**, wie bzw. wann der Text (oder das Bild) erscheinen soll.

   Beispiel:
   Beginn: „Beim Klicken"
   Eigenschaft: „Von rechts"
   Geschwindigkeit: „1 Sekunde"

   IP: Textfeld anwählen → Bildschirmpräsentation → Benutzerdefinierte Animation → Effekt hinzufügen → „Einfliegen"

   Jetzt kannst du **auswählen**, wie bzw. wann der Text (oder das Bild) erscheinen soll.

   Beispiel:
   Starten: „Beim Klicken"
   Richtung: „Von rechts"
   Geschwindigkeit: „Schnell"

4. **Vorschau: Wie sieht das ganze als Präsentation aus?**
   PP: → Bildschirmpräsentation → Bildschirmpräsentation anzeigen
   IP: → Bildschirmpräsentation → Bildschirmpräsentation

   Während der Vorschau wird die nächste Folie per Mausklick, Leertaste oder Enter-Taste angezeigt. Zum Bearbeitungsfenster gelangst du nach der letzten Folie zurück, oder du drückst die Escape-Taste (→ Esc).

© Verlag an der Ruhr | Postfach 10 22 51 | 45422 Mülheim an der Ruhr | www.verlagruhr.de | ISBN 978-3-8346-0500-9

Lehrgang Computerpräsentation – Diagramme erstellen

Eine Folie mit einem Diagramm

Die Erstellung von Diagrammen ist kompliziert, wenn es um viele Zahlenreihen geht. Zu einem Diagramm gehört immer eine Tabelle, in die die Werte eingegeben werden müssen.

Vorgehen

1. **Erstellt eine neue Folie mit einer Überschrift.**

2. **Ein Kreisdiagramm erstellen**
   PP: → Einfügen → Diagramm → Diagrammtyp auswählen: *„Kreis"*
   IP: → Einfügen → Diagramm → Diagramm anwählen → Format →
   Diagrammtyp → Diagrammtyp auswählen: *„Kreis"* → Ansicht →
   Diagrammdatentabelle

   Es öffnet sich eine Tabelle mit Beispieldaten, die ihr löschen könnt.
   So sieht die Tabelle zum Diagramm aus:

	Schüler 2009
Mädchen	347
Jungen	224

3. **Gestaltung des Diagramms**
   Durch einen Klick auf das Diagramm oder einzelne Diagrammteile lässt sich die Darstellung beliebig verändern (Farben, Beschriftungen, 3D-Darstellung etc).

   Hinweis: Zahlenwerte oder Prozentangaben sollten bei einem Diagramm immer angezeigt werden.

4. **Verwenden von ClipArts (grafische Symbole)**
   An Stelle von Text (für *„Jungen"* und *„Mädchen"*) wurden im Beispiel oben ClipArts verwendet. So werden ClipArts bei PowerPoint eingefügt:
   PP: → Einfügen → Bild → ClipArt

Unsere aktuellen Schülerzahlen

224

347

Das Endergebnis

© Verlag an der Ruhr | Postfach 10 22 51 | 45422 Mülheim an der Ruhr | www.verlagruhr.de | ISBN 978-3-8346-0500-9

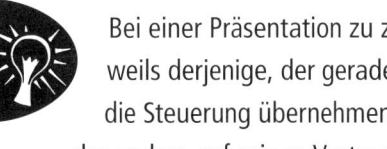

Lehrgang Computerpräsentation – Spezielle Funktionen

Layouts für das Foliendesign

Die Programme PowerPoint und Impress bieten eine große Auswahl an fertigen Foliengestaltungen. Sie lassen sich durch einfaches Klicken auch auf bereits erstellte Folien anwenden.

PP: ➜ Format ➜ Foliendesign ➜ Aus Gallery …
IP: ➜ Format ➜ Seitenvorlage ➜ Laden …

> ❱ Ziehe stets ein einfaches Layout allzu bunten und verspielten Vorlagen vor.
> ❱ Alle Folien sollten dasselbe Design haben.

Folienübergänge

Es gibt zahlreiche Effekte für den Wechsel zur nächsten Folie, zum Beispiel: *Überblenden, Blättern, Auflösen* oder *3D-Effekte.*

PP: ➜ Bildschirmpräsentation ➜ Übergänge ➜ Effekt auswählen
IP: ➜ Bildschirmpräsentation ➜ Folienübergang ➜ Effekt auswählen

> ❱ Verzichte auf allzu verspielte Übergangseffekte.
> ❱ Verwende für alle Folien denselben Effekt.

Reihenfolge der Folien ändern

Du kannst die Reihenfolge der Folien ändern, indem du die Folie in der Folienübersicht markierst und mit der Maus an die gewünschte Stelle ziehst.

Steuerung während der Präsentation

Die Folien können auch mit einer Funk-Maus weitergeklickt werden. Am besten hält man die Maus in der Hand, um die Präsentation unauffällig steuern zu können.

> Bei einer Präsentation zu zweit sollte jeweils derjenige, der gerade nicht vorträgt, die Steuerung übernehmen. So kann sich der andere auf seinen Vortrag konzentrieren.

Ausdrucken der Folien

Die erstellten Folien können auch ausgedruckt werden. Das bietet sich besonders bei der Vorbereitung auf den Vortrag an, um sich auf dem Papier Stichpunkte zu jeder Folie zu machen.

> Besonders aussagekräftige Folien können nach dem Vortrag auch an die Zuhörer ausgeteilt werden.

Integrieren von Hörbeispielen und Filmsequenzen

Möchtest du Hörbeispiele oder Filmsequenzen in deine Präsentation einbauen, solltest du überprüfen, ob an dem Computer auch Lautsprecher angeschlossen sind. Denn die Wiedergabe über eingebaute Lautsprecher ist für einen größeren Raum nicht ausreichend.

PP: ➜ Einfügen ➜ Sound und Musik ➜ von Datei
IP: ➜ Einfügen ➜ Film und Klang

> ❱ Im Rahmen eines Vortrags sollte ein Hörbeispiel oder eine Filmsequenz nicht länger als eine Minute dauern.
> ❱ Die Audio- bzw. Videodatei wird nicht in der Präsentation gespeichert. Du musst sie für die Übertragung auf deinem USB-Stick speichern. Insbesondere bei Videodateien solltest du unbedingt vor der Präsentation ausprobieren, ob alles funktioniert!

© Verlag an der Ruhr | Postfach 10 22 51 | 45422 Mülheim an der Ruhr | www.verlagruhr.de | ISBN 978-3-8346-0500-9

Lehrgang Computerpräsentation – Gestaltungsregeln

Allgemeines

▶ Plakate und Overheadfolien sind einfacher in der Herstellung, mitunter ansprechender und auch während des Vortrags leichter handhabbar als Computer und Beamer. Die Entscheidung für eine Computerpräsentation mit PowerPoint oder Impress solltest du nur dann treffen, wenn die Vorteile (viele aussagekräftige Abbildungen) die Nachteile (hoher technischer Aufwand) überwiegen.

▶ **Die gesprochene Rede steht im Mittelpunkt** – auch bei einer Computerpräsentation. Das Gezeigte sollte stets nur zur visuellen Veranschaulichung dienen.

Aufbau der Präsentation

▶ Standard ist eine **Titelfolie** mit dem Thema des Vortrags. Anhand einer gut ausgewählten Abbildung können die Zuhörer an das Thema herangeführt werden.

▶ Ebenso ist eine **Übersicht über die Teilthemen** im Rahmen der Einleitung sinnvoll. Die einzelnen Teilthemen können nacheinander durch Animation angezeigt und jeweils kurz erläutert werden.

▶ Jede Folie hat eine **große Überschrift.**

▶ **Farben, Effekte und verschiedene Schrifttypen sparsam** einsetzen.

▶ Stets ein **schlichtes Layout** verwenden, auch wenn fertige Folienlayouts (Templates) verwendet werden.

Einsatz von Text

▶ Eine Computerpräsentation dient der visuellen Veranschaulichung des Vortrags. Also: 90 % Abbildung, **10 % Text.** Folien ohne Abbildungen sollten die Ausnahme sein.

▶ **Niemals ganze Sätze** auf Folien schreiben, außer bei wichtigen Aussagen oder Zitaten. Eine Präsentation ist ein Vortrag und keine Lesestunde für die Zuhörer.

▶ **Niemals von der Folie ablesen.** Diese Doppelung ist sinnlos.

Einsatz von Abbildungen

▶ Nur **aussagekräftige Abbildungen** verwenden, die auch in den Vortrag einbezogen werden. Abbildungen dürfen niemals nur der Dekoration dienen.

▶ **Verschiedenartige Abbildungen** für die Präsentation auswählen, zum Beispiel: Landkarten, Pfeildiagramme, Kreis-, Säulen- oder Liniendiagramme, Fotos, Gemälde, Zeichnungen, Karikaturen.

Umgang mit der Technik während des Vortrags

▶ Den Computer oder die Maus so aufstellen, dass sie während des Vortrags bequem erreicht werden können. Der Einsatz einer **Fernbedienung** erlaubt die beste Bewegungsfreiheit während des Vortrags.

▶ Beim Zeigen auf die Folien **niemals den Blick und den Körper von den Zuhörern abwenden.**

© Verlag an der Ruhr | Postfach 10 22 51 | 45422 Mülheim an der Ruhr | www.verlagruhr.de | ISBN 978-3-8346-0500-9

Planung von Computerpräsentationen

Eine gute Planung auf Papier ermöglicht ein zielgerichtetes Arbeiten am Computer.
Auch die Suche nach Abbildungen ist effektiver, wenn du dir vorher notierst,
was du genau brauchst.

1. Plane eine Präsentation mit acht Folien zu einem Thema, das sich für eine Computerpräsentation eignet, zum Beispiel: *„Möglichkeiten der Freizeitgestaltung in unserer Umgebung".*
   ▶ Formuliere für jede Folie eine aussagekräftige Überschrift.
   ▶ Skizziere die geplanten Abbildungen.
   ▶ Ergänze Textelemente.

2. Überprüft in Partnerarbeit, ob eure Folien anschaulich, informativ und nicht zu textlastig sind.

Folie 1: Titelfolie	Folie 2: Übersicht über die Teilthemen
Folie 3:	Folie 4:
Folie 5:	Folie 6:
Folie 7:	Folie 8:

© Verlag an der Ruhr | Postfach 10 22 51 | 45422 Mülheim an der Ruhr | www.verlagruhr.de | ISBN 978-3-8346-0500-9

„Vegetarismus" – Überblick über ein Thema gewinnen

Um dir einen Überblick über ein Thema zu verschaffen, eignen sich Lexikonartikel oder überblicksartige Berichte. Durch das Herausarbeiten und Ordnen der Informationen bekommst du viele Hinweise, zu welchen Teilbereichen du weiter recherchieren kannst.

 Bereite ein Referat von ca. 20 Minuten zum Thema *„Vegetarismus"* vor.

Vorgehen

1. **Lies dir als Erstes den folgenden Text aufmerksam durch, um einen Überblick über das Thema zu bekommen.**
2. **Zu welchen Teilthemen gibt der Text Informationen? Schreibe die Informationen heraus, und ordne sie den Teilthemen zu.**

Vegetarismus

Etwa 2 % der Deutschen bezeichnen sich als Vegetarier. Das Wort Vegetarier geht auf das englische Wort für Gemüse zurück. Allen Vegetariern gemeinsam ist, dass sie keine Tiere, also weder Fleisch noch Fisch essen. Vegetarier, die auf tierische Produkte, also auch auf Eier, Milch und Milchprodukte verzichten, werden Veganer genannt. Viele verzichten auf Fleisch, weil sie es verwerflich finden, andere Lebewesen zu töten, um sie zu verspeisen. In Fernsehdokumentationen ist oft zu sehen, wie Hühner und Schweine auf engstem Raum gehalten und durch einen Maschinenpark geleitet werden, wo sie geschlachtet, ausgenommen und zu Wurst verarbeitet werden. Durch den Verzicht auf Fleisch wollen viele ihren Protest gegen die moderne Massentierhaltung zum Ausdruck bringen. Auch aus gesundheitlicher Sicht kann eine fleischlose Ernährung sinnvoll sein. Denn durch die Massentierhaltung können über das Fleisch Krankheitserreger aufgenommen werden, die auch für den Menschen gefährlich sind, beispielsweise der H5N1-Virus („Vogelgrippe"), Salmonellen in Geflügelprodukten oder BSE („Rinderwahn"). Hinzu kommt, dass Fleisch aus modernden Mastbetrieben häufig Rückstände von Pestiziden, Hormonen, Antibiotika und anderen Medikamenten enthält. Letztlich können auch bei der Verarbeitung und Lagerung Fehler auftreten, wie uns z.B. der Gammelfleischskandal gezeigt hat. Ob der menschliche Körper auf die Zufuhr von Tierprodukten angewiesen ist, wird von Medizinern unterschiedlich beurteilt. Gegner des Vegetarismus wenden ein, der Körper benötige Bestandteile von Fleisch, insbesondere während des Wachstums. Andere Mediziner halten den Verzicht auf Tierprodukte für unbedenklich. Allerdings müssten Vegetarier darauf achten, dass sie wichtige Nährstoffe, wie Eiweiß, Eisen und bestimmte Vitamine, auf andere Weise zu sich nehmen. Einige Vegetarier verweisen auch auf ein globales Problem: Die Fleischproduktion ernährt wenige Menschen in der westlichen Welt auf Kosten vieler anderer in den armen Ländern. Das Getreide, das Menschen ernähren könnte, wird an die Masttiere verfüttert. So sind für die Produktion von 1 kg Fleisch etwa 16 kg Getreide oder Sojafrüchte erforderlich. Dabei könnten landwirtschaftliche Flächen effektiver zur Ernährung der Weltbevölkerung genutzt werden, anstatt zum Anbau von Tierfutter.

© Verlag an der Ruhr | Postfach 10 22 51 | 45422 Mülheim an der Ruhr | www.verlagruhr.de | ISBN 978-3-8346-0500-9

„*Vegetarismus*" – Überblick über ein Thema gewinnen

Der Text „*Vegetarismus*" (S. 53) hat dir einen ersten Überblick über wichtige Aspekte des Themas gegeben. Baue die im Text enthaltenen Informationen zu einem Vortrag von ca. 20 Minuten aus, indem du drei bis vier der angesprochenen Aspekte vertiefst.

Vorgehen

1. **Lege die Teilthemen deines Referates fest. Welche Fragestellungen interessieren dich besonders?**

   ❏ Wie funktioniert die industrielle Fleischproduktion?

   ❏ Worauf müssen Vegetarier bei der Ernährung besonders achten?

   ❏ Welche Gesundheitsgefahren lauern im Fleisch? Welche Fleischskandale gab es?

   ❏ Veganismus – Ernährung ohne Milch, Käse, Eier? Wie geht das?

   ❏ Gibt es Vegetarier in unserer Klasse/Schule? Welche Gründe haben sie? (Umfrage)

2. **Formuliere weitere mögliche Fragestellungen bzw. Teilthemen zum Thema „Vegetarismus".**

   ▶ _____

   ▶ _____

   ▶ _____

3. **Recherchiere im Internet zu den von dir gewählten Teilthemen. Verwende dazu die Arbeitsblätter „Tipps zum Recherchieren im Internet" (S. 57) und „Tipps zur Bewertung von Internetseiten" (S. 58).**

4. **Gehe bei deiner Recherche auch auf die Suche nach Abbildungen, die sich als Anschauungsmittel eignen könnten. Zum Beispiel:**

Anstieg der weltweiten Fleischproduktion:

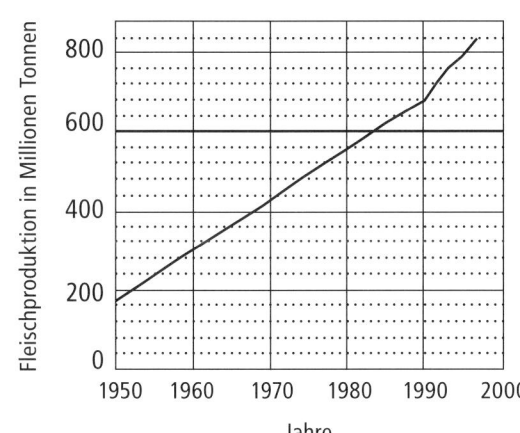

Ernährungspyramide für Vegetarier

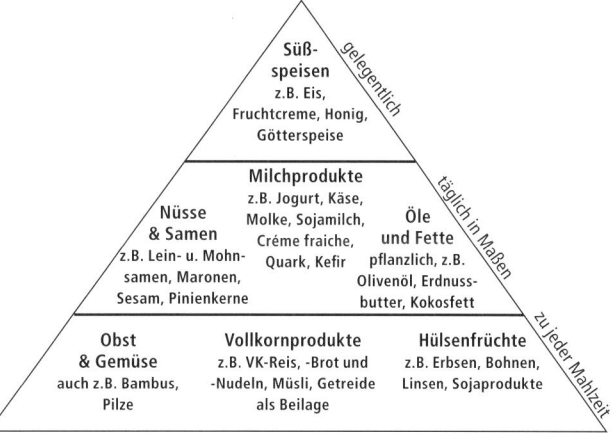

© Verlag an der Ruhr | Postfach 10 22 51 | 45422 Mülheim an der Ruhr | www.verlagruhr.de | ISBN 978-3-8346-0500-9

Thema „Vegetarismus" – die Gliederung entwickeln

 Erstelle eine Gliederung für deinen Vortrag zum Thema *„Vegetarismus"*.

Vorgehen

1. Notiere für den Hauptteil deine Teilthemen und in Stichpunkten die wichtigsten Informationen dazu.

2. Notiere interessante Aspekte für die Einleitung, um die Zuhörer an das Thema heranzuführen und um Interesse zu wecken.

3. Notiere Stichpunkte für deinen Schluss (s. S. 32).

4. Bereite zu möglichst vielen Aspekten Anschauungsmittel vor (s. S. 38/39). Verzeichne sie in der rechten Spalte.

Phase	Inhalte	Anschauungsmittel
Einleitung	➡ _____ ➡ _____ ➡ Überblick über die Teilthemen des Referats	

Hauptteil	1. _____
	  ➡ _____
	  ➡ _____
	
	2. _____
	  ➡ _____
	  ➡ _____
	
	3. _____
	  ➡ _____
	  ➡ _____
	
	4. _____
	  ➡ _____
	  ➡ _____	

Schluss	➡ _____ ➡ _____ ➡ _____	

© Verlag an der Ruhr | Postfach 10 22 51 | 45422 Mülheim an der Ruhr | www.verlagruhr.de | ISBN 978-3-8346-0500-9

Thema „*Vegetarismus*" – die letzten Vorbereitungen

Deine Gliederung steht und ist mit Inhalt gefüllt. Treffe nun die letzten Vorbereitungen für deinen Vortrag!

Vorgehen

1. **Fertige anhand deiner Gliederung einen Stichpunktzettel für deinen Vortrag an:**
   ▶ Verwende Karteikarten in Postkartengröße (DIN A6).
   ▶ Lege für Einleitung, die einzelnen Teilthemen und den Schluss je eine Karte an.
   ▶ Die Karteikarten sollten nur mit den nötigsten Stichpunkten beschriftet werden, denn zu viele Informationen verleiten zum Ablesen.

2. **Übe deinen Vortrag zunächst vor einem Gegenstand, zum Beispiel einer Stehlampe.**
   Gewöhne dich an die Vortragssituation, indem du dabei …
   ▶ im Stehen redest
   ▶ den Gegenstand – als Ersatz für dein Publikum – ansiehst
   ▶ jede beschriftete Karteikarte möglichst nur einmal anschaust
   ▶ laut und deutlich sprichst.

3. **Mache dir Notizen zu deiner Rede-Choreografie (S. 15) auf deinem Stichpunktzettel bzw. deinen Karteikarten, um Verlegenheitsbewegungen zu vermeiden.**

4. **Fertige ein Handout an, und kopiere es für deine Zuhörer. Das Handout (S. 66) fasst noch einmal die wichtigsten Inhalte deines Vortrags zusammen.**

5. **Technik-Check vor Ort: Ob deine Anschauungsmittel einsatzbereit sind, solltest du möglichst früh bzw. noch einmal direkt vor deinem Vortrag überprüfen.**
   ▶ **Plakate:** *Klebt Tesafilm wirklich an der Tafel?*
   ▶ **Folien:** *Stimmt der Abstand des Projektors zur Wand und die Größe der Projektion?*
   ▶ **Hörbeispiele:** *Spielt der CD-Spieler deine gebrannten MP3-Dateien ab?*
   ▶ **DVD:** *Ist alles richtig eingestellt, sodass du nur noch auf „Play" drücken musst?*
   ▶ **Computerpräsentation:** *Kann das Notebook der Schule deine Datei lesen? Funktioniert die Funkmaus zur Steuerung?*

6. **The stage is yours!**
   Nun kannst du mit deinem Vortrag beginnen. Damit du eine Rückmeldung von deinen Zuhörern erhältst, bewerten diese deinen Vortrag mit Hilfe des Arbeitsblatts *„Bewertungsbogen für Präsentationen"* (S. 59).

© Verlag an der Ruhr | Postfach 10 22 51 | 45422 Mülheim an der Ruhr | www.verlagruhr.de | ISBN 978-3-8346-0500-9

Tipps zum Recherchieren im Internet

Suchmaschinen:

Suchmaschinen suchen regelmäßig im World Wide Web. Dabei wird ein Index erstellt. Dieser Index ist eine Art interne Datenbank, in der Informationen über Webseiten gespeichert sind. In diesem Index sucht die Suchmaschine bei einer konkreten Anfrage. Die größte und bekannteste Suchmaschine ist Google. Eine Liste der wichtigsten Suchmaschinene findest du unter www.findmaschine.de

Tipps für eine erfolgreiche Suche:

▶ Formuliere klare und präzise Suchbegriffe für dein Thema.

▶ Einzelne Begriffe kannst du mit einem Leerzeichen oder Pluszeichen aneinanderreihen, so verfeinerst du deine Suche (z.B. *Vegetarier + Ernährung*).

▶ Du kannst Begriffe ausschließen, indem du ein Minuszeichen vor das entsprechende Wort setzt (z.B. *Vegetarier – Ernährung*).

▶ Suchst du nach bestimmten Wortgruppen, machst du das mit einem Schrägstrich, einem Punkt oder einem Gleichsetzungszeichen deutlich (z.B. *Fleisch/Gefahren*).

Linklisten:

Zu vielen Themen gibt es Linksammlungen, die kommentierte Verweise zu verschiedenen Informationsquellen auflisten. Du findest sie über Suchmaschinen. Verknüpfe einfach deinen Suchbegriff mit dem Wort *Linkliste oder Linksammlung* (z.B. *Linkliste Vegetarismus)*, und schon bekommst du im Handumdrehen Verweise auf bewährte Internetseiten zum Thema.

Metasuchmaschinen:

Metasuchmaschinen sind Abfragesysteme, die mit mehreren Suchmaschinen und/oder Katalogen kommunizieren, sprich in ihnen suchen. Diese Art der Suche bietet sich besonders für spezielle Themen an, zu denen du sonst wenig findest. Eine gute Metasuchmaschine aus Deutschland ist *Metager*.

Spezialsuchmaschinen:

Bei der Suche nach (brand)aktuellen Informationen greifst du am besten auf spezielle Nachrichten-Suchma-

schinen zurück. Dort findest du Artikel in Zeitungen und Zeitschriften bzw. aktuelle Meldungen zum gesuchten Thema.

Beispiele für Nachrichten-Suchmaschinen:

www.paperball.de
www.paperazzi.de
www.news.google.de

Webkataloge:

Kataloge werden redaktionell von Menschen erstellt, suchen also in einer Menge von vorausgewählten Seiten. Kataloge sind nach Kategorien sortiert. Du kannst wahlweise eine oder mehrere Kategorien eingeben. Sie folgen einer Hierarchie, wie z.B. *Sport & Fitness* ➜ *Sportarten* ➜ *A – Z* ➜ *Tennis*. Kataloge eignen sich gut, um einen Überblick über ein bestimmtes Thema zu bekommen.

Beispiele für Kataloge:

www.yahoo.de, www.web.de
www.allesklar.de

Online-Lexika:

Lexikonartikel sind vor allem am Beginn der Arbeit eine gute Möglichkeit, sich einen Überblick über wichtige Aspekte eines Themas zu verschaffen. Zu den bekannten Online-Lexika zählen *Wikipedia* und *Microsoft-Encarta*. Da Wikipedia-Artikel nicht immer von Experten erstellt werden, solltest du die Informationen immer kritisch prüfen.

Online-Buchhändler:

In Online-Buchläden, wie z.B. bei *Amazon*, kannst du dir per Stichwortsuche einen Überblick verschaffen. Die aufgeführten Buchtitel können nützliche Hinweise auf wichtige Aspekte des Themas geben.

Statistiken:

Über das Portal www.de.statista.com erhältst du Grafiken und Diagramme von Umfrageergebnissen zu den unterschiedlichsten Themen und Fragestellungen. Diese können sich hervorragend als Anschauungsmittel eignen, um deiner Präsentation oder deinem Referat noch mehr Gewicht zu verleihen.

© Verlag an der Ruhr | Postfach 10 22 51 | 45422 Mülheim an der Ruhr | www.verlagruhr.de | ISBN 978-3-8346-0500-9

Tipps zur Bewertung von Internetseiten

Suchmaschinen spucken dir oft eine unüberschaubare Fülle von Internetseiten aus, von denen du auf den ersten Blick nicht weißt, wie wichtig und zuverlässig sie sind. Im Folgenden findest du einige Kriterien, die dir dabei helfen, Internetseiten kritisch unter die Lupe zu nehmen.

Leitfrage	Fragen	Notizen
Wer steht hinter der Seite?	➡ Wird ein Autor für die Seite angegeben? Kann er Referenzen anführen, die ihn als Experten ausweisen? ➡ Wer betreibt den Server, z.B. eine Institution, ein Verein, eine Firma oder eine Privatperson? ➡ Gibt es ein Impressum mit Name, Anschrift und Kontaktmöglichkeiten?	
Wie vertrauenswürdig ist der Inhalt?	➡ Stimmt das, was auf der Seite steht? **Tipp:** *Überprüfe drei Informationen anhand einer weiteren verlässlichen Quelle!* ➡ Sind Quellen angegeben, woher die Informationen stammen? ➡ Wie sorgfältig ist die Seite erstellt worden? Gibt es zum Beispiel viele Rechtschreib- oder Tippfehler oder veraltete „Links"? ➡ Ist die Seite übersichtlich gestaltet, sodass du dich schnell zurechtfindest? ➡ Wirkt das Layout/Design professionell? Dienen Grafiken, Bilder und Animationen einem Zweck, oder sind sie nur Dekoration, die vom eigentlichen Thema ablenken? ➡ Ist die Seite werbefrei, oder gibt es viel Werbung?	
Wie zuverlässig ist die Seite?	Wird die Seite von anderen anerkannt: Ist sie z.B. mit anderen Internetseiten verlinkt? **Tipp:** *Gib bei Google im Suchfenster „link" ein und dahinter die Adresse der Internetseite, z.B. link: www.spiegel-online.de Das Suchergebnis zeigt dir, wie viele weitere Internetseiten auf diese Seite verweisen. Je mehr Suchergebnisse du erhältst, desto verlässlicher ist diese Seite.*	
Was ist das Ziel der Seite?	➡ An welches Publikum richtet sich die Seite? An Kinder, Jugendliche, Erwachsene, Laien, Experten …? ➡ Was will der Anbieter der Seite erreichen? Will er informieren, unterhalten, beeinflussen oder für etwas werben?	
Wie aktuell ist die Seite?	➡ Wann wurde die Seite erstellt? ➡ Wann wurde die Seite zum letzten Mal aktualisiert (Update)? ➡ Sind die Links noch aktuell, oder hat sich die Zieladresse geändert?	

© Verlag an der Ruhr | Postfach 10 22 51 | 45422 Mülheim an der Ruhr | www.verlagruhr.de | ISBN 978-3-8346-0500-9

Bewertungsbogen für Präsentationen

© Verlag an der Ruhr | Postfach 10 22 51 | 45422 Mülheim an der Ruhr | www.verlagruhr.de | ISBN 978-3-8346-0500-9

Bewertungs-bereich:	Bewertungskriterien:	Teilnoten (Note 1–6)	Durch-schnittsnote
Redeleistung	➡ **Hat der Redner frei gesprochen?** (Oder hat er häufig abgelesen?)		
	➡ **Hat der Redner das Publikum angeschaut?** (Oder hat er auf den Zettel, aus dem Fenster oder nur zum Lehrer geschaut?)		
	➡ **Hat der Redner deutlich und fließend gesprochen?** (Oder hat er zu leise, undeutlich oder stockend gesprochen?)		
Anschauungs-mittel	➡ **Wurden unterschiedliche Arten von Anschauungsmitteln verwendet?** (Oder gab es nur Fotos oder nur Folien mit Text?)		
	➡ **Wurden Plakate und Folien sinnvoll gestaltet?** (Oder waren sie nicht lesbar, unübersichtlich, ohne besondere Aussage?)		
	➡ **Wurden die Anschauungsmittel zweckmäßig in den Vortrag einbezogen?** (Oder ging der Redner kaum auf sie ein?)		
Einleitung	➡ **Wurde die Bedeutung des Themas deutlich gemacht?** (Oder erfuhr man nicht, warum das Thema wichtig ist?)		
	➡ **Wurde Interesse geweckt?** (Oder ließ einen das Thema kalt?)		
	➡ **Wurde ein Überblick über die Inhalte des Vortrags gegeben?** (Oder ging es gleich mit den Informationen los?)		
Hauptteil	➡ **War der Hauptteil sinnvoll in Abschnitte gegliedert?** (Oder wusste man nie, worum es gerade geht?)		
	➡ **Waren die Informationen sinnvoll ausgewählt?** (Oder haben nebensächliche Informationen zu Langeweile und Desinteresse geführt?)		
	➡ **Konnten die Zuhörer dem Vortrag gut folgen?** (Oder fehlte dem Vortrag der „rote Faden" und erschien dadurch unverständlich und zusammenhangslos?)		
Schluss	➡ **Gab es eine Zusammenfassung oder ein Fazit?** (Oder endete der Vortrag abrupt?)		
	➡ **Gab es noch weitere Anregungen?** (z.B. eine persönliche Einschätzung, eine Empfehlung, einen Ausblick oder einen Anstoß zur Diskussion?)		
	➡ **Hat der Redner eine Zusammenstellung über die wichtigsten Informationen für die Zuhörer vorbereitet und verteilt (Handout)?**		
	Gesamtbewertung		

1. Für eine Gesamtbewertung muss eine Gewichtung der einzelnen Bewertungsbereiche festgelegt werden. Diskutiert: In welchem Verhältnis sollten die Bereiche zueinander gewichtet werden?
2. Erkundigt euch, wie bei Präsentationsprüfungen an eurer Schule bewertet wird.

Ein Thema entwickeln – Themenbereiche eingrenzen (1/2)

Bei Präsentationsprüfungen gehört es auch zu deinen Aufgaben, selbst ein Thema zu finden. Beim Festlegen des Themas solltest du darauf achten, das Thema inhaltlich so einzugrenzen, dass es in einem Vortrag von etwa 20 Minuten tiefgehend behandelt werden kann. Ist das Thema zu umfangreich, können Inhalte nur oberflächlich angesprochen werden.

 1. Beurteile das vom Prüfungskandidaten vorgelegte Thema und seine Gliederung. Benenne die Schwächen.

Gliederung meiner Präsentation: *Tim Pfeiffer, Klasse 10a*

Thema: Deutschland

1. Geografische Lage (Einleitung)
   ➡ Nachbarländer
   ➡ Gewässer und Gebirge

2. Die einzelnen Bundesländer
   ➡ Die Flächenstaaten (Bayern, Niedersachsen etc.)
   ➡ Die Stadtstaaten (Berlin, Hamburg, Bremen)

3. Die Politik in Deutschland
   ➡ Kaiserzeit
   ➡ Weimarer Republik
   ➡ Nationalsozialismus

4. Bodenschätze in Deutschland
   ➡ Eisen
   ➡ Kohle
   ➡ Erdöl

5. Berühmte deutsche Schriftsteller (Schluss)
   ➡ Goethe und Schiller
   ➡ Bertolt Brecht

 2. Schlage dem Kandidaten drei sinnvoll eingegrenzte Themen aus den von ihm angegebenen Bereichen vor. Die Themen können auch als Fragestellungen formuliert werden. Denke daran, dass sich Themen auch mehrfach eingrenzen lassen, zum Beispiel:
   ▶ geografisch (z.B. eine Region)
   ▶ zeitlich (z.B. eine Epoche, ein wichtiger Zeitabschnitt)
   ▶ eine Person oder Gruppe (z.B. Friedrich Schiller, Das Judentum)
   ▶ ein Phänomen oder Einzelfall (z.B. Klima, Gedichte, Wattenmeer)
   ▶ ein bestimmter Aspekt (z.B. Entwicklung, Gesinnung, Bedrohung)

Themenvorschlag 1: *Wie konnte Adolf Hitler an die Macht kommen?*

Themenvorschlag 2: _____

Themenvorschlag 3: _____

Themenvorschlag 4: _____

Ein Thema entwickeln – Themenbereiche eingrenzen (2/2)

> Formuliere zu den Themenbereichen *Werbung*, *Popmusik* und einem Themen-
> bereich deiner Wahl sinnvoll eingegrenzte Präsentationsthemen sowie jeweils vier
> Unter- bzw. Teilthemen. Probiere, die Themen bzw. Teilthemen als Fragestellungen
> zu formulieren!

Beispiel:

Themenbereich: Deutsche Sprache

Thema: Die Jugendsprache im 21. Jahrhundert – Sprache oder Slang?

Teilthema 1: Wörter und Redewendungen in der Jugendsprache
Teilthema 2: Wie und woher gelangen Wörter und Redewendungen in die Jugendsprache?
Teilthema 3: Die Bedeutung der Jugendsprache für Jugendliche
Teilthema 4: Ist Jugendsprache „schlechter" Ausdruck?

Themenbereich: *Werbung*

Thema: _____

Teilthema 1: _____

Teilthema 2: _____

Teilthema 3: _____

Teilthema 4: _____

Themenbereich: *Popmusik*

Thema: _____

Teilthema 1: _____

Teilthema 2: _____

Teilthema 3: _____

Teilthema 4: _____

Themenbereich deiner Wahl:

Thema: _____

Teilthema 1: _____

Teilthema 2: _____

Teilthema 3: _____

Teilthema 4: _____

© Verlag an der Ruhr | Postfach 10 22 51 | 45422 Mülheim an der Ruhr | www.verlagruhr.de | ISBN 978-3-8346-0500-9

Beispielthemen für Präsentationsprüfungen

Die folgende Darstellung kann dir Anregungen geben, wie du interessante Themenstellungen für Referate oder Präsentationsprüfungen aus verschiedenen Bereichen bzw. Fächern finden kannst. Neben dem Schwerpunkt sollten bei jedem Thema immer auch Aspekte aus anderen Bereichen einbezogen werden, zum Beispiel:

Geschichte ➙ Politik; Naturwissenschaften ➙ Erdkunde; Deutsch ➙ Sozialkunde.

Schwerpunkt	Hauptaspekt	Präsentationsthemen
Geschichte	Orte	Die Entwicklung unserer Stadt
	Ereignisse	Die Weltwirtschaftkrise von 1929
	Personen	Willi Brandt und seine Verdienste
	Entwicklungen	Die Frage der Deutschen Einheit von 1945 bis heute
Sozialkunde	Konflikte	Die Geschichte der Ausländerfeindlichkeit in Deutschland
	Verhaltensweisen	Kopftuch – Glaubensbekenntnis oder Symbol der Unterdrückung der Frau?
	Gruppen	Sind Männer und Frauen heute gleichberechtigt?
	Aktuelle Probleme	Welche Folgen haben lange Ladenöffnungszeiten?
Erdkunde	Besondere Regionen	Die Bedeutung des Regenwaldes für das Klima
	Wirtschaft	Bedrohen Großkonzerne den Mittelstand?
	Infrastruktur	Stauforschung und ihre Konsequenzen für die Verkehrsplanung
	Politische Aspekte	Die Türkei in die Europäische Union?
Naturwissenschaften	Energieerzeugung	Umweltfreundliche Energie: Sonne, Wind und Wasser – reicht das für Deutschland?
	Entwicklungen	Die Geschichte des Motors
	Verfahren	Wie funktioniert Klonen?
	Prozesse	Die Entstehung fossiler Brennstoffe
Deutsch	Textsorten	Die Kurzgeschichte – Merkmale und Zeitbezüge
	Schriftsteller	Ist Goethe heute noch aktuell?
	Sprache und Gesellschaft	Analphabetismus in Deutschland
	Entwicklungen	„Ich suche Herr Müller wegen meine Prüfung" – Brauchen wir die Fälle noch?
	Medien	„Infotainment" – wie passt das zusammen?

© Verlag an der Ruhr | Postfach 10 22 51 | 45422 Mülheim an der Ruhr | www.verlagruhr.de | ISBN 978-3-8346-0500-9

Neue Internetideen – eine Gruppenpräsentation

Online-Lexika, Internet-Buchhandel, Internet-Radio und Online-Auktionen – das Internet wird Jahr für Jahr für immer mehr Bereiche erschlossen. Entwickelt in Gruppen eine neue Internetidee, die den Menschen das Leben in irgendeiner Weise erleichtert. Kreativität ist gefragt! Bereitet eine Gruppenpräsentation vor.

Vorgehen

1. **Beginnt mit einem Brainstorming. Entweder macht ihr ein Gruppenbrainstorming, d.h. jeder nennt reihum eine Idee und einer schreibt mit oder jeder brainstormt zunächst für sich und anschließend wird zusammengetragen und über die Ideen diskutiert.**

2. **Entscheidet euch für eine Idee, und arbeitet sie aus. Berücksichtigt dabei folgende Aspekte:**
   ▶ Um welchen Bereich geht es? Wie wird das Problem heute gehandhabt? Wo liegen die Schwächen?
   ▶ Wie funktioniert die neue Idee?
   ▶ Welche Vorteile hat die Idee?
   ▶ In welchen Schritten kann die Idee umgesetzt werden?

3. **Entwickelt Plakate und/oder Folien zur Veranschaulichung.**

4. **Teilt die Redeanteile sinnvoll unter allen Gruppenmitgliedern auf.**

5. **Präsentiert eure Idee, und bewertet die Präsentationen der anderen Gruppen mit Hilfe folgender Tabelle. Vergebt Punkte von 0–5.**

	Gruppe 1	Gruppe 2	Gruppe 3	Gruppe 4	Gruppe 5	Gruppe 6
Wurde die Idee verständlich dargestellt?						
Hat die Gruppe die gemeinsame Präsentation gut organisiert?						
Wurden die Anschauungsmittel sinnvoll gestaltet?						
Wurden die Vorteile und die Umsetzung überzeugend dargestellt?						
Punkte gesamt:						

6. **Besprecht in der Klasse: Wodurch wird eine Gruppenpräsentation zu einer Gemeinschaftsleistung? Worauf kommt es an? Erstellt hierzu einen Kriterienkatalog.**

© Verlag an der Ruhr | Postfach 10 22 51 | 45422 Mülheim an der Ruhr | www.verlagruhr.de | ISBN 978-3-8346-0500-9

Abzocke von Jugendlichen – eine Gruppenpräsentation

Klingeltöne, Abos, Handyverträge, kostenpflichtige Downloads, Sonder-
rufnummern, teure SMS – viele Unternehmen haben es auf das Geld von
Jugendlichen abgesehen, die sich oft ganz unbekümmert im Internet
bewegen und nicht wissen, welche Fallen ihnen dort gestellt werden.

 Bereitet eine Gruppenpräsentation vor zum Thema: *„Abzocke von Jugendlichen – Tricks und Fallen im Internet und Handy".*

Vorgehen

1. **Unternehmen, die euch das Geld aus der Tasche ziehen wollen –
   welche Tricks aus der Welt von Internet, Handy und Fernsehen
   sind euch bekannt? Macht zuerst ein Brainstorming.**

2. **Recherchiert im Internet zu den unten aufgeführten Fragestellun-
   gen. Teilt die Recherchearbeit sinnvoll untereinander auf.**
   ◗ Welche Formen der Abzocke richten sich speziell an Jugendliche?
   ◗ Mit welchen Tricks arbeiten die Unternehmen? Wie funktionieren sie?
   ◗ Wie viel Geld kann man verlieren? Was kosten die angebotenen Dienste?
   ◗ Wie sieht die rechtliche Situation aus? In welchen Fällen handeln
     Unternehmen rechtmäßig bzw. unrechtmäßig?
   ◗ Welche rechtlichen Möglichkeiten gibt es, sich zu wehren?

 Diese Suchbegriffe helfen auch bei der Recherche:
*Abzocke, Jugendliche, Klingeltöne, Verbraucherschutz, Taschen-
geldparagraf, Fernabsatzgesetz, Geschäftsfähigkeit, Abmahnung*

3. **Druckt Beispiele für listige Werbung oder unseriöse Angebote
   auf Webseiten aus, und kopiert sie auf Folie.**

4. **Tragt eure Ergebnisse zusammen. Erstellt eine Gliederung
   für eure Präsentation, und legt fest, wer welche Abschnitte
   übernimmt.**

5. **Übt euren Gruppenvortrag, und präsentiert ihn vor der Klasse.**

© Verlag an der Ruhr | Postfach 10 22 51 | 45422 Mülheim an der Ruhr | www.verlagruhr.de | ISBN 978-3-8346-0500-9

Tipps zur Vorbereitung von Gruppenpräsentationen

Für eine gelungene Gruppenpräsentation ist das gemeinsame Planen im Team besonders wichtig. Um die Inhalte sinnvoll aufeinander abzustimmen, sind mehrere gemeinsame Arbeitstreffen notwendig. Am besten entwickelt ihr einen gemeinsamen Zeitplan für eure Präsentation. Wie ein solcher Gruppenzeitplan aussehen kann, zeigt euch das nachfolgende Beispiel.

	Aktivitäten (Was wollen wir tun?)	Aufgaben (Was wird bis zum nächsten Treffen gemacht?)
1. Treffen	**Gemeinsames Brainstorming zum Thema** ➡ Was fällt uns zu dem Thema ein? ➡ Was wissen wir schon? **Formulieren von interessanten Fragestellungen** ➡ Welche Frage wollen wir bei dem Vortrag beantworten?	Recherche zu den Fragestellungen (Internet, Bibliothek, Tagespresse)
2. Treffen	**Zusammentragen der Ergebnisse und geeigneter Quellen** **Festlegen der Teilthemen und der Reihenfolge** **Festlegen der Präsentationsform** ➡ Was wollen wir wie präsentieren? ➡ Wer präsentiert was und wie? **Aufteilung der Teilthemen auf die Referenten**	Jeder erstellt für sein Teilthema eine Gliederung und bereitet Anschauungsmittel vor.
3. Treffen	**Besprechung der Zwischenergebnisse** ➡ Jeder stellt die Gliederung zu seinem Teilthema vor und präsentiert die vorbereiteten Anschauungsmittel. ➡ Gemeinsames Verbessern des Aufbaus und der Anschauungsmittel. Jeder übt seinen Vortrag.	Jeder übt seinen Vortrag. Jeder bereitet ein Handout (1 Seite) mit den wichtigsten Informationen zu seinem Teilthema vor.
4. Treffen	**Generalprobe** ➡ Die Präsentation wird gemeinsam durchgespielt und geübt. ➡ Die anderen assistieren den jeweiligen Rednern bei ihrem Teil der Präsentation. ➡ Gegenseitige Tipps zur Verbesserung des Vortrags.	

© Verlag an der Ruhr | Postfach 10 22 51 | 45422 Mülheim an der Ruhr | www.verlagruhr.de | ISBN 978-3-8346-0500-9

Ein Handout für die Zuhörer

Ein Handout, auch bekannt als Thesenpapier, wird an die Zuhörer ausgegeben und fasst die wichtigsten Inhalte des Vortrags zusammen. Damit die Zuhörer sich ganz auf den Vortrag konzentrieren können, sollte es erst nach dem Vortrag ausgegeben werden.

Grundsätze zur Gestaltung:

▶ Umfang: 1–2 DIN-A4-Seiten.

▶ Formale Angaben stehen im „Kopf": Name des Referenten, Ort, Datum und Thema.

▶ Der Aufbau sollte der Gliederung des Vortrags folgen.

▶ Aussagen/Thesen in ganzen Sätzen formulieren und durchnummerieren.

▶ Wichtige Fakten oder Fachbegriffe können hervorgehoben werden.

▶ Falls sinnvoll, auch wichtige Grafiken und Diagramme abbilden.

▶ Quellenangaben, sodass die Zuhörer auch selbst noch einmal nachlesen können.

Tim Pfeiffer, Klasse 10a   *Plochingen, 20. Juni 2009*

Ursachen und Folgen des Klimawandels

1. Was versteht man unter Klimawandel?

▶ Klimawandel heißt: Änderung der Durchschnittstemperaturen und der Niederschlagsmengen

▶ Regelmäßige Messungen seit 1860

▶ Das Klima der Erde war schon immer im Wandel (Eiszeiten).

▶ Anstieg der Durchschnittstemperatur auf der Erde seit 1900 um 2 Grad Celsius.

2. Zusammenhang zwischen CO_2-Emission und Erderwärmung

▶ Kohlenstoffdioxid (CO_2) entsteht bei der Verbrennung. Kohlenstoff ist in allen Brennstoffen (Holz, Erdgas, Erdölprodukte) enthalten.

▶ CO_2 hält die Wärme der Sonne in der Atmosphäre wie in einem Gewächshaus: Die Wärme kommt rein, aber nicht wieder raus (Treibhauseffekt).

▶ Die weltweite CO_2-Emission liegt derzeit bei ca. 32 Milliarden Tonnen.

▶ Durch Industrialisierung in Schwellenländern (z.B. Indien, China) steigen die weltweiten Emissionen weiter drastisch an.

▶ Prognose bis 2100: Erwärmung der Erde um weitere 2–6 Grad Celsius

3. Folgen der Erderwärmung

▶ Anstieg des Meeresspiegels durch Schmelzen des Polareises: Überschwemmung der Küsten

▶ Häufung von Orkanen und Hurrikane: Zerstörungen an Land

▶ Einbußen in der Landwirtschaft durch Hitzewellen und Änderung der Niederschlagsmenge

4. Maßnahmen gegen die Erderwärmung

▶ Kyoto-Protokoll (internationales Klimaschutzabkommen): Reduzierung der Treibhausgas-Emissionen bis 2012 um 5,2 % (erscheint nicht erreichbar).

▶ Energieeinsparung: Strom sparende Geräte, emissionsärmere Autos, Wärmeisolation von Häusern

▶ Ausbau der emissionsfreien Energiegewinnung: Solarenergie, Wind- und Wasserkraftwerke, in einigen Ländern die umstrittene Atomenergie

Quellen

▶ www.wetter-klimawandel.de

▶ http://de.wikipedia.org/wiki/Globale_Erwärmung

▶ www.klimawandel-heute.de

▶ www.spiegel.de/wissenschaft/natur/

© Verlag an der Ruhr | Postfach 10 22 51 | 45422 Mülheim an der Ruhr | www.verlagruhr.de | ISBN 978-3-8346-0500-9

Präsentieren – wie es nicht sein sollte

Tipps für eine schlechte Präsentation

Gehe davon aus, dass sich die Zuhörer intensiv auf deinen Vortrag vorbereitet haben. Warum also sich Gedanken um eine Einleitung machen – das ist reinste Zeitverschwendung! Viel eher würden es dir die Zuhörer übel nehmen, wenn du versuchst, ihnen dein Thema mit billigen Tricks nahezubringen. Zeige Ihnen zu Beginn lieber eine komplizierte Statistik. Lies die Zahlen auch ruhig vor. Das beruhigt ungemein, und die Zuhörer sehen, dass du kompetent und gut vorbereitet bist – das erzeugt Respekt. Schau zwischendurch möglichst oft auf deinen Stichpunktzettel – wozu hast du ihn schließlich gemacht? Oder noch besser: Bereite vorher einen Text vor, den du einfach abliest. Das hat gleich drei Vorteile: Zum einen kannst du beim Vorlesen richtig Gas geben und demonstrieren, dass du ein schneller Leser bist. Außerdem musst du dir keine komplizierten Fachbegriffe merken, und du schützt dich durch das Ablesen wirksam vor lästigen Blicken der Zuhörer. Stelle die Sachverhalte möglichst kompliziert dar, schließlich ist das Leben ja auch kein Kinderspiel. Wenn die Zuhörer dir nicht folgen wollen, dann ist das allenfalls ein Zeichen für ihre Dummheit. Und vergiss nicht: Baue alle Informationen, die du dir zu deinem Thema angelesen hast, in deinen Vortrag ein, und mixe sie gut durch. Wenn du zum Beispiel über berühmte Menschen referierst, solltest du also alle Lebensdaten aufzählen, möglichst ab der der Geburt. So kann jeder Zuhörer selbst entscheiden, was wichtig oder unwichtig ist. Anschauungsmittel wie Plakate und Folien gehören zu einem modischen Trend, dem du nicht hinterherlaufen solltest. Wenn du trotzdem nicht darauf verzichten willst, dann bemühe dich, mit dem Platz auf dem Plakat nicht so verschwenderisch umzugehen. Je kleiner die Schrift, desto mehr forderst du die Aufmerksamkeit der Zuhörer. Ein bisschen Mühe darfst du ihnen beim Entziffern der Schrift und Zahlenkolonnen ruhig abverlangen. Du hattest schließlich auch eine ganze Menge Arbeit damit, alles auf einem A4-Plakat unterzubringen. Lass dich nicht irritieren, wenn die Zuhörer fortwährend gähnen oder den Kopf auf den Tisch legen. Wer bei deinem Vortrag müde wird, ist eindeutig zu spät ins Bett gegangen. Falls du unbedingt höflich sein willst, biete ihnen einen Kaffee an. Auf eine Zusammenfassung wichtiger Ergebnisse am Ende deines Vortrags kannst du getrost verzichten. Schließlich hat doch jeder gehört, was du gesagt hast. Nutze die Zeit lieber für das Vorlesen eines längeren Textes aus einem Fachbuch. Das kann auch gerne noch einmal eine halbe Stunde in Anspruch nehmen. Aber vergiss auf keinen Fall, deinen Schluss lange vorher anzukündigen, damit die Zuhörer nicht völlig überrascht vom Stuhl fallen.

1. Übertreibung ist ein wesentliches Merkmal der satirischen Darstellung. Sind die in diesem Text dargestellten Fehler beim Vortragen wirklich übertrieben? Oder kennst du sie aus der Realität? Tausche dich mit einem Partner darüber aus.
2. Satirische Texte üben in der Regel Kritik an Zuständen oder Verhaltensweisen. Welche Praktiken beim Referieren werden hier im Einzelnen kritisiert? Schreibe die Punkte auf.

Der Aufbau eines Referats

Die folgende Übersicht hilft dir bei der Gliederung deines Referats oder deiner Präsentation. In der rechten Spalte findest du Vorschläge für Anschauungsmittel, die sich in der jeweiligen Phase eignen.

Phase	Inhalt	Mögliche Anschauungsmittel
Einleitung	**Hinführung zum Thema** ➡ aktueller Bezug ➡ Bedeutung des Themas ➡ persönlicher Bezug zum Thema ➡ Erläuterung des Problems	Abbildung, die das Thema/Problem verdeutlicht.
	Thema und Fragestellung	Plakat/Folie mit Thema und Teilthemen
	Überblick über den Ablauf des Referats	
Hauptteil	**Teilthema 1** ➡ Aspekt 1 ➡ Aspekt 2 ➡ Aspekt 3 …	➡ Schematische Abbildung ➡ Foto ➡ Skizze ➡ Gemälde ➡ Diagramm ➡ Landkarte ➡ Modell ➡ Hörbeispiel ➡ Filmausschnitt ➡ Computeranimation
	Teilthema 2 ➡ Aspekt 1 ➡ Aspekt 2 ➡ Aspekt 3 …	
	Teilthema 3 ➡ Aspekt 1 ➡ Aspekt 2 ➡ Aspekt 3 …	
	Teilthema 4 ➡ Aspekt 1 ➡ Aspekt 2 ➡ Aspekt 3 …	
Schluss	**Zusammenfassung/Fazit**	Folie mit den wichtigsten Erkenntnissen
	Persönliche Einschätzung, Ausblick, Empfehlung	Liniendiagramm, Buch (Empfehlung), Folie mit Internetadressen
	Diskussionsimpuls (bei Referaten im Unterricht)	Abbildung, Diagramm oder Karikatur, die zum Diskutieren anregen
	Verteilen eines Handouts	schriftliche Zusammenfassung wichtiger Aussagen zum Thema (1–2 Seiten)

Zehn Schritte zu einem erfolgreichen Referat

1. Das Thema erkunden

▶ Verschaffe dir mit Hilfe von Lexikonartikeln und Berichten einen Überblick über das Thema.

▶ Notiere, welche Aspekte für das Thema wichtig sein könnten.

2. Teilthemen festlegen

▶ Welche Fragen soll dein Referat beantworten? Formuliere interessante Fragestellungen.

▶ Lege 3–5 Teilthemen für dein Referat fest.

3. Recherche zu den Teilthemen

▶ Gehe gezielt auf die Suche nach Informationen zu den Teilthemen, schreibe sie heraus.

▶ Halte dabei gleichzeitig Ausschau nach aussagekräftigen Anschauungsmitteln.

4. Den Hauptteil ausarbeiten

▶ Bringe die Teilthemen und die Informationen in eine sinnvolle Reihenfolge.

▶ ACHTUNG! Es ist wichtiger, dass die Zuhörer dir folgen können, als dass du alle gefundenen Informationen in deinem Referat unterbringst.

▶ Überlege dir in diesem Zusammenhang, welche Anschauungsmittel du einsetzen willst.

5. Anschauungsmittel vorbereiten

▶ Verwende unterschiedliche Arten: Fotos, Diagramme, Skizzen, Karten, Hörbeispiele u.a.

▶ Plane die Anschauungsmittel so, dass sie aussagekräftig und übersichtlich sind.

6. Die Einleitung planen

▶ Führe die Zuhörer so an das Thema heran, dass sie die Bedeutung des Themas erkennen und Interesse entwickeln.

▶ Verwende ein Anschauungsmittel, das das Thema bzw. das Problem auf den Punkt bringt.

▶ Reserviere 1–2 Minuten für einen kurzen Überblick über deinen Vortrag.

7. Den Schluss planen

▶ Fasse die wichtigsten Erkenntnisse deines Vortrags als Fazit zusammen.

▶ Führe die Zuhörer aus dem Thema heraus – durch eine persönliche Einschätzung, eine Prognose oder Empfehlung.

▶ Bereite Fragen oder Thesen vor, die zu einer Diskussion anregen.

8. Stichpunktzettel anfertigen

▶ Verwende Karteikarten (Postkartengröße, DIN A5): eine Karte für die Einleitung, je eine Karte pro Teilthema und eine Karte für den Schluss.

▶ ACHTUNG! So wenige Stichwörter wie möglich auf die Karteikarten notieren.

▶ Falls erwünscht: Fasse die wichtigsten Informationen auf einem ein- bis zweiseitigen Handout für die Zuhörer zusammen. Durch das Anfertigen eines Handouts gewinnst du zusätzlich Sicherheit für deinen Vortrag.

9. Den freien Vortrag üben

▶ Übungsmöglichkeiten: Vortrag vor einem Gegenstand, vor dem Spiegel oder mit einem Partner, Aufzeichnung mit Mikrofon/Videokamera.

▶ Übe auch das Präsentieren der Anschauungsmitteln: Wie zeigst du sie? Wie kommentierst du sie?

▶ Rede-Choreografie: Plane, wie und wo du stehst, welche Gesten du machst.

10. Technik-Check vor Ort

▶ Stelle rechtzeitig sicher, dass Platz für deine Plakate und Projektionen vorhanden ist.

▶ Überprüfe, ob die Geräte (Projektor, CD-Spieler, Computer) einsatzbereit sind.

© Verlag an der Ruhr | Postfach 10 22 51 | 45422 Mülheim an der Ruhr | www.verlagruhr.de | ISBN 978-3-8346-0500-9

Tipps für mündliche Prüfungen

Mündliche Prüfungen oder Präsentationsprüfungen bestehen außer aus deiner Präsentation immer auch aus einem Prüfungsgespräch. Hierbei sollst du unter Beweis stellen, dass du auch über deinen Vortrag hinaus über dein Thema reden kannst. Die folgende Tabelle macht deutlich, was hinter typischen Prüfungsfragen steckt und was von dir jeweils erwartet wird.

Typische Prüfungsfragen	Der Prüfer möchte wissen, ob ...	Deine Reaktion
Nachfrage *„Du hast gerade beschrieben, wie … Könntest du das noch einmal darstellen?"*	… eine unvollständige oder falsche Darstellung an deiner Nervosität lag oder ob sie auf Wissenslücken beruht.	Stelle den Teilbereich noch einmal kurz dar. Achte besonders auf Vollständigkeit und Verständlichkeit.
Vertiefungsfrage *„Erläutere das noch einmal ausführlich."*	… dein Wissen über das, was du vorgetragen hast, hinausgeht.	Stelle den Bereich noch einmal ausführlicher mit zusätzlichen Fakten oder Beispielen dar.
Meinungsfrage *„Wie beurteilst du …?"*	… du dir zu dem Thema einen eigenen Standpunkt gebildet hast.	Im Idealfall zeigst du, dass du unterschiedliche Sichtweisen kennst und dass dein eigener Standpunkt auf der Kenntnis mehrerer Sichtweisen beruht.
Suggestivfrage *„Könnte es aber nicht auch so sein, dass …?"*	… du deinen Fehler verbessern kannst, wenn er dir eine richtige Darstellung nahezu „in den Mund legt".	Wenn du dir nicht sicher bist, etwas falsch dargestellt zu haben, frage lieber nach: *„Sie deuten an, dass ich an dieser Stelle etwas Falsches gesagt habe?"* So vermeidest du, dich zu verrennen. Versuche anschließend eine Richtigstellung.
Anwendungsfrage *„Welche Bedeutung hat heute …?"*	… du in der Lage bist, dein Wissen auch in anderen Zusammenhängen anzuwenden.	Auf solche Fragen solltest du dich besonders gut vorbereiten. Überlege dir hierzu, welche Querverbindungen zu deinem Thema möglich sind.
Methodenfrage *„Wie bist du an das Thema herangegangen?"*	… du die Präsentation eigenständig vorbereitet hast, dich bewusst für deine Darstellung entschieden hast und ob du die Methoden zur Vorbereitung einer Präsentation beherrschst.	Beschreibe chronologisch, wie du den Vortrag vorbereitet hast und aus welchen Gründen du dich z.B. für eine Computerpräsentation entschieden hast. Nenne hier auch deine Quellen.

© Verlag an der Ruhr | Postfach 10 22 51 | 45422 Mülheim an der Ruhr | www.verlagruhr.de | ISBN 978-3-8346-0500-9

Methoden zum effektiven Üben

Rednerkarussell

Das Rednerkarussell ist eine geeignete Methode, um die effektive Übungszeit in einer größeren Gruppe zu maximieren. In einem Außen- und einem Innenkreis stehen sich jeweils zwei Teilnehmer gegenüber und tauschen sich über ein Thema aus. Der jeweils zuhörende Partner beobachtet genau und gibt anschließend Verbesserungshinweise. Anschließend rotieren die Kreise gegenläufig, sodass sich nun andere Gesprächspartner gegenüberstehen. Innerhalb von ca. 30 Minuten können so alle Teilnehmer ihren Kurzvortrag dreimal üben und sukzessiv verbessern.

Vorbereitung

1. Stellt die Tische nach außen oder in die Mitte, um genügend Platz für den Doppelkreis zu schaffen.

2. Stellt euch dann paarweise gegenüber auf, sodass ein Außen- und ein Innenkreis entsteht.

Übungskarussell

Übt vorab das Rotieren im Kreis: Der Innenkreis rückt 4 Plätze weiter nach rechts. Der Außenkreis rückt 2 Plätze weiter nach rechts.

Durchführung

1. Karussell

Die Teilnehmer im Innenkreis halten ihren Vortrag. Die Partner im Außenkreis hören aufmerksam zu und geben dem Redner anschließend drei Verbesserungstipps zu Körperhaltung, Gestik, Sprechweise und Blickkontakt. Die Redner notieren die Tipps auf der Rückseite ihres Stichpunktzettels.

 Die Dauer der Vorträge inklusive Feedback ist unterschiedlich. Dennoch sollten alle Paare fertig sein, bevor es weitergeht.

2. Karussell

Der Innenkreis geht zwei Plätze weiter nach rechts weiter. Jetzt reden die Partner im Außenkreis. Die Innenkreispartner hören aufmerksam zu, beobachten den Redner und geben anschließend 2–3 Verbesserungstipps.

3.–6. Karussell

Ab dem 3. Karussell informieren die Redner ihren neuen Zuhörer vor Beginn, was sie beim Reden verbessern wollen. Hierauf sollen die Partner besonders achten und bei der anschließenden Besprechung eingehen. Weitere Verbesserungstipps werden von den Rednern ebenfalls notiert.

Nach dem Karussell

Nach sechs Karussellrunden hat jeder Teilnehmer seinen Vortrag dreimal gehalten und von drei Zuhörern Verbesserungstipps bekommen. Im Anschluss an das Rednerkarussell können freiwillige Redner ihren Vortrag vor der ganzen Gruppe oder Klasse halten, in Verbindung mit einer gemeinsamen Auswertung (S. 59).

© Verlag an der Ruhr | Postfach 10 22 51 | 45422 Mülheim an der Ruhr | www.verlagruhr.de | ISBN 978-3-8346-0500-9

Methoden zum effektiven Üben

Stehlampenrede

„Übe dein Referat zu Hause vorm Spiegel." – Dieser gut gemeinte Tipp gehört wahrscheinlich zu den meistignorierten Ratschlägen der Welt. Trotzdem hat ein Selbstvortrag einen unbestreitbaren Nutzen. Halte also deine Rede vor einem Gegenstand, zum Beispiel vor einer Federtasche, einem Stift, einem Papierkorb oder eben einer Stehlampe. Wichtig ist dabei, dass du den Gegenstand während des Redens ansiehst.

Durchführung

1. Überlege dir zunächst, worin der Zweck dieser Übung besteht, zum Beispiel *„Man muss sich gut konzentrieren"*, *„Man muss seinen Vortrag einmal ganz durchsprechen"*, …
2. Wähle dann einen Gegenstand aus, lege ihn vor dich auf den Tisch, oder stelle dich davor. Sieh den Gegenstand während deines Vortrages an, so als sei er dein Zuhörer. Beginne deinen Vortrag mit: *„Liebe Stehlampe, ich halte dir jetzt einen Vortrag über …"*
3. Tausche dich gemeinsam mit einem Partner über den praktischen Nutzen der Stehlampenrede aus. Greife dabei auch noch einmal deine Überlegungen zum Zweck dieser Übung auf.

Die Stehlampenrede kannst du auch gut als *„Aufwärmrede"* bei bevorstehenden Einzelvorträgen nutzen.

Videoanalyse

Die Aufzeichnung einer Rede auf Video und eine anschließende Analyse ist für jeden Redner eine effektive Trainingsmethode.

1. Besitzt du keine eigene Videokamera, so frage in der Schule nach, ob du dir eine Kamera ausleihen darfst. Du kannst deine Rede zum Beispiel in einer Freistunde in einem unbesetzten Raum aufzeichnen.
2. Falls an die Videokamera kein externes Mikrofon angeschlossen werden kann, solltest du dich relativ dicht vor die Kamera stellen. So gehst du sicher, dass du eine vernünftige Tonqualität erhältst.
3. Schaue während der Aufzeichnung deiner Rede direkt in die Kamera.
4. Bitte einen Partner, sich deine aufgezeichnete Rede anzusehen und mit Hilfe eines Bewertungsbogens (S. 59) auszuwerten. Wenn du ganz mutig bist, dann bitte deine Klasse um eine Auswertung.

© Verlag an der Ruhr | Postfach 10 22 51 | 45422 Mülheim an der Ruhr | www.verlagruhr.de | ISBN 978-3-8346-0500-9

Methoden zum effektiven Üben

Gruppenvortrag

Beim Gruppenvortrag halten die Teilnehmer ihren Vortrag nacheinander vor einer Gruppe von 4 – 6 Personen. Der Vorteil gegenüber dem Rednerkarussell besteht darin, dass vor einem größeren, sitzenden Publikum gesprochen wird. Außerdem kommen die Verbesserungstipps von mehreren Beobachtern.

Durchführung

1. Findet euch in Gruppen von 4 – 6 Personen zusammen.

2. Verteilt euch möglichst in die Ecken des Raumes. Akustisch ist es sinnvoll, wenn die Zuhörer in den Ecken sitzen und der Redner jeweils zur Ecke hin – stehend – spricht.

3. Die Zuhörer haben die Aufgabe, Körperhaltung, Gestik, Blickkontakt, Sprechweise und Redestruktur zu beobachten. Hierfür können Sie Beobachtungsbögen (S. 18) zur Hilfe nehmen.

4. Nach dem Vortrag des Redners nennen die Zuhörer gelungene Aspekte der Rede und geben Verbesserungshinweise.

Vortrag vor der Klasse

Um die Unterrichtszeit effektiv zu nutzen, sollte der Einzelvortrag stets exemplarischen Charakter haben. Hierbei werden die Beobachtungskriterien erarbeit sowie Stärken und Schwächen veranschaulicht.

Durchführung

1. Zunächst stellen sich zwei freiwillige Redner zur Verfügung. Findet sich niemand, kann auch ausgelost werden.

2. Die restlichen Mitschüler der Klasse erhalten konkrete Beobachtungsaufträge und halten ihre Beobachtungen mit Hilfe eines Beobachtungsbogen fest (S. 18).

 Teilt die verschiedenen Beobachtungskriterien (Körperhaltung, Gestik, Blick, Sprechweise, Aufbau) untereinander auf.

3. Besprecht den Vortrag der freiwilligen Redner nach dem Plus-Minus-Verfahren (S. 36). Hierzu nennt jeder zuerst positive Aspekte und gibt anschließend konkrete Verbesserungsmöglichkeiten.

© Verlag an der Ruhr | Postfach 10 22 51 | 45422 Mülheim an der Ruhr | www.verlagruhr.de | ISBN 978-3-8346-0500-9

Literatur- und Internettipps

Literaturtipps

Klippert, Heinz:
Kommunikations-Training.
Übungsbausteine für den Unterricht.
Beltz Verlag, 2006.
ISBN 978-3-407-62584-7

Weidenmann, Bernd:
100 Tipps & Tricks für Pinnwand und Flipchart.
Beltz Verlag, 2008.
ISBN 978-3-407-36457-9

von Koechlin, Carol; Zwaan, Sandi:
Stimmt das wirklich?
Informationen beschaffen, bewerten und benutzen.
Verlag an der Ruhr, 2008.
ISBN 978-3-8346-0456-9

Internettipps

www.jugend-debattiert.ghst.de
Offizielle Webseite des Bundeswettbewerbs *Jugend debattiert*. Der Wettbewerb richtet
sich an Schüler ab Klasse 8 an allgemein bildenden und berufsbildenden Schulen.

www.schule-der-rhetorik.de
Allgemeine Techniken, Tipps und Materialien zur Rhetorik in der Schule.

www.teachsam.de/deutsch/d_rhetorik/rhe0.htm
Texte und ergänzendes Material zum Bereich Rhetorik.

**http://lehrerfortbildung-bw.de/kompetenzen/projektkompetenz/durchfuehrung/
abschlusspraes/**
Auf dieser Seite findest du methodische Hilfen und Anregungen zum Präsentieren
(Medien, Körpersprache, Rhetorik, Lampenfieber).

www.ruediger-freudendahl.de/index.php/Prasentation/View-category.html
Checklisten mit Tipps zur Präsentation, zum Beispiel *Stimme und Sprechen*, *Medieneinsatz*
und *Körpersprache*.

www.sxc.hu
Auf dieser Webseite kannst du Bilder finden, die man kostenlos für Präsentationen
verwenden darf.

■ **Das Portfolio-Konzept in der Sekundarstufe**
Individualisiertes Lernen organisieren
Kl. 5–13, 98 S., A4, Pb., zweifarbig
ISBN 978-3-8346-0152-0
Best.-Nr. 60152
19,80 € (D)/20,35 € (A)/34,70 CHF

■ **Portfoliomappe Selbstdisziplin**
10–16 J., 116 S., A4, Pb.
ISBN 978-3-8346-0341-8
Best.-Nr. 60341
19,50 € (D)/20,– € (A)/34,20 CHF

■ **Portfoliomappe Berufsfindung**
Arbeitsmaterialien zur Selbsteinschätzung
12–21 J., 167 S., A4, Spiralb.
ISBN 978-3-8346-0409-5
Best.-Nr. 60409
21,50 € (D)/22,10 € (A)/37,70 CHF

■ **„Hab ich voll verpeilt, Alter!"**
Alltagskommunikation trainieren mit Jugendlichen
13–18 J., 112 S., A4, Pb.
ISBN 978-3-8346-0499-6
Best.-Nr. 60499
20,50 € (D)/21,10 € (A)/35,90 CHF

■ **Stimmt das wirklich?**
Informationen beschaffen, bewerten, benutzen
Kl. 6–10, 129 S., A4, Pb.
ISBN 978-3-8346-0456-9
Best.-Nr. 60456
19,80 € (D)/20,35 € (A)/34,70 CHF

■ **Aufsatzkorrekturen fair und transparent**
Checklisten und Beurteilungshilfen
Kl. 5–10, 97 S., A4, Pb. mit CD-ROM
ISBN 978-3-8346-0328-9
Best.-Nr. 60328
19,80 € (D)/20,35 € (A)/34,70 CHF

■ **100 Ideen für die Arbeit mit Lyrik**
Lyrik schreibend erkunden
Kl. 5–7, 56 S., A4, Papph.
ISBN 978-3-8346-0509-2
Best.-Nr. 60509
18,50 € (D)/19,– € (A)/32,40 CHF

■ **Foto-Kartei Sprachunterricht**
40 Bildimpulse fürs Sprechen, Schreiben und szenische Spiel
Kl. 5–10, A5 quer, Spiralb., vierf., 40 vierf. Karten + 30-seitiges Begleitmaterial
ISBN 978-3-8346-0513-9
Best.-Nr. 60513
19,80 € (D)/20,35 € (A)/34,70 CHF

■ **„Alle Juden sind..."**
50 Fragen zum Antisemitismus
14–99 J., 184 S., 16 x 23 cm, Pb., vierf.
ISBN 978-3-8346-0408-8
Best.-Nr. 60408
19,50 € (D)/20,– € (A)/34,20 CHF

■ **Kann ICH die Welt retten?**
verantwortungsvoll leben – clever konsumieren
13–19 J., 114 S., A4, Pb.
ISBN 978-3-8346-0452-1
Best.-Nr. 60452
19,80 € (D)/20,35 € (A)/34,70 CHF

■ **Wertlos – Wertvoll**
Recycling-Ideen für den Kunstunterricht
Kl. 5–10, 96 S., A4, Pb. (mit vierf. Abb.)
ISBN 978-3-8346-0473-6
Best.-Nr. 60473
20,50 € (D)/21,10 € (A)/35,90 CHF

■ **Kunst mit dem, was da ist**
Ideen für (un)geplante Kunststunden. Klasse 5–7
Kl. 5–7, 96 S., 16 x 23 cm, Spiralb., vierf.
ISBN 978-3-8346-0472-9
Best.-Nr. 60472
17,80 € (D)/18,30 € (A)/31,20 CHF

Keiner darf zurückbleiben!